KB205867

심은 것보다
더 많은
열매

| 박세영 묵상시집 |

심은 것보다 더 많은 열매

kmc

이 글은 설교 준비 중에 그리고 설교 후에도 내내 가슴에 남아 있던 여운들입니다.

이 여운들이 묵상의 문을 여는 문고리가 되기를 감히 소망해 봅니다.

목사로 불러 주신 하나님께 감사드립니다.

그리고 목사와 함께 살며 행복하다고 말해주는 가족과 행복한 목사로 살게 하는 대천중앙교회 모든 성도들에게 감사드립니다.

차 례

내 이름을 부르지 마라

내 이름을 부르라

마가복음

복음의 시작

땅에는 길을 잃은 사람들이 모여 삽니다
어떤 이는 길을 찾고
어떤 이는 만들고
어떤 이는 포기합니다
그래서
어떤 이는 방황하고
어떤 이는 땀을 흘리고
어떤 이는 주저앉아 웁니다
어느 날
하늘에서 길이 내려왔습니다
하나님의 가슴에서
사람의 발밑까지 이어진
약속된 길이 내려왔습니다
그 길이 예수이며 복음입니다

사망의 골짜기를
가시관과 채찍과 세 개의 못으로 깎아 곧게 펴고
절망의 늪을
부활과 승천으로 메워 다진
그 길이 예수이며 복음입니다
그러나 여전히 사람들은
방황하고,
땀을 흘리고,
주저앉아 웁니다

하나님의 아들
예수 그리스도의 복음의 시작이라
마가복음 1:1

광야에 외치는 자의 소리가 있어
이르되 너희는 주의 길을 준비하라
그의 오실 길을 곧게 하라
마가복음 1:3

나는 소리입니다

나는 소리입니다
사람이 아닙니다
그래서
형체도 없고 그림자도 없습니다
형체가 없으니 채울 욕심이 없고
그림자도 없으니 남길 이름도 없습니다

나는 소리입니다
광야에서 '예수'라고 외치는 소리입니다
사람들의 가슴이 듣도록
몸으로 소리치고
바람으로 사라지는 소리입니다

하지만 예수님은 나더러
'너희에게 말하노니 여자가 낳은 자 중에 요한보다 큰 자가 없도다'(눅 7:28)
하셨습니다
나는 행복한 소리입니다

하늘나라

사람들은
새것을 사면 옛것은 버리고
큰 것을 얻으면 작은 것을 소홀히 여깁니다
그러나 하나님은
새것으로 옛것의 낡은 곳을 덧대고
큰 것으로 작은 것의 틈새를 막습니다
하나님의 나라에서는
모두 제 삶을 삽니다
요한은 물세례로
제 삶을 살고
예수님은 성령세례로
그리스도의 삶을 삽니다
아버지가 주신 삶으로
자기를 사는 곳이
하나님의 나라입니다

광야로 가신 예수

성령이 곧 예수를 광야로 몰아내신지라 (마가복음 1:12)

하늘이 열리고 거룩한 소리가 들립니다
'이는 내 사랑하는 아들이라 내가 이를 기뻐하노라'
사람들은
무릎을 꿇고 머리를 조아리고
두 손을 흔들며
'이제 됐다'며 눈물을 흘립니다
하지만 성령은
예수님을 광야로 내몰았습니다
박수치는 사람들 곁에서 떼어
광야에서 홀로
무릎 꿇고
오직 하나님만 바라게 하십니다
예수님도
감탄하고 환호하는 사람들 속에서
박수와 아부에 익숙해지면
하늘을 잊고
자신을 잊기 때문입니다

떡은 쌀로 만듭니다

예수께서 대답하여 이르시되 "기록되었으되 '사람이 떡으로만 살 것이 아니요 하나님의 입으로부터 나오는 모든 말씀으로 살 것이라' 히였느니라." (마태복음 4:4)

하나님은
흙으로 돌을 만들고
쌀로 떡을 만드십니다
하지만 사탄은
돌로 떡을 만들라고 합니다
그것이 능력이며
성공이라 합니다

그래서
지금도 사탄에게 절하는 사람들은
돌로 떡을 만듭니다
세 치 혀로
주먹으로
떨친 이름으로
그러나
하나님의 사람은
돌이 아닌 쌀로
떡을 만들어야 합니다
권력과 모사와 힘으로 만든 떡이 아니라
땀과 정직과 시간이 만든
하늘의 떡을 먹어야 합니다

할 수 있어도

할 수 있어 하는 사람은
능력 있는 사람입니다
필요를 채우는 사람은
현명한 사람입니다
남에게 피해를 주지 않고 일하는 사람은
존경받을 사람입니다

그러나 예수님은
할 수 있어도
꼭 필요해도
남에게 피해가 되지 않아도
하지 않습니다
왜냐하면
돌은 돌로 있어야 하기 때문입니다

하나님을 시험하라

예수께서 이르시되 또 기록되었으되 '주 너의 하나님을 시험하지 말라 하였느니라'
(마태복음 4:7)

시험하라
'너를 사랑한다' 하신
하나님의 사랑을 시험하라
시험하라
'너를 지키신다' 하신
하나님의 약속을 시험하라
시험하라
'네게 복을 주리라' 하신
하나님의 계획을 시험하라

죽어라
하나님의 사랑을 시험하려는
네 이기(利己)로부터 죽어라
죽어라
하나님의 약속을 시험하려는
네 불안(不安)으로부터 죽어라
죽어라
하나님의 계획을 시험하려는
네 자만(自滿)으로부터 죽어라

회개하고 믿으라

요한이 잡힌 후 예수께서 갈릴리에 오셔서 하나님의 복음을 전파하여 이르시되 때가 찼고
하나님의 나라가 가까이 왔으니 회개하고 복음을 믿으라 하시더라 (마가복음 1:14~15)

날벼락이었습니다
저주였습니다
하늘 문이 열리기를
천년을 한결같은 믿음으로
긍지로 가득 채운 기다림으로
기다리는 사람들에게
회개하라니
수백 년을 힘에 굴복당해 빼앗겨 왔지만
믿음만은 빼앗기지 않았다는
자부심으로 하나님의 나라를 소망했는데
회개하고 복음을 믿으라니
…
천국의 문은
고백 없는 자존심만으로는
믿음 없는 기다림만으로는
열 수 없습니다
하늘의 때는
죄와 더불어 죽고
예수와 더불어 다시 사는 순간에
맞이할 수 있습니다

그들은 어부였습니다

시몬과 안드레, 세베대의 아들 야고보와 요한은 어부였습니다
큰 배를 타고 먼 바다를 누비는
뱃사람이 아니라
집 앞 호수에서 물고기를 잡는 가난한 사람들이었습니다
예수님이
그들을 찾아가 부르셨습니다
준비되지 않은 사람을
세상도 자기 자신도
기대하지 않았던 사람을
찾아가 부르셨습니다
그리고 그들이
예수님을 따릅니다
아무런 설명도 듣지 않고
아무런 보장도 요구하지 않고
아무런 계획도 세우지 않고
예수님의 부름이기에 따라 나섭니다

그래서 그들은
하늘 길을 앞서고 뒤따르는 스승이 되었고 제자가 됩니다
오늘 우리는
너무 똑똑해서
스승을 만나지 못하고 제자가 되지 못합니다
그래서 여전히 땅에서
서로의 멱살만 쥐고 있습니다

예수께서 이르시되
나를 따라오라
내가 너희로 사람을 낚는
어부가 되게 하리라 하시니
곧 그물을 버려 두고 따르니라
마가복음 1 : 17 ~ 18

예수를 알립니다

예수의 소문이 곧 온 갈릴리 사방에 퍼지더라 (마가복음 1:28)

플래카드 벽보 신문 텔레비전 홍보용 선물 안내편지 명함…
하나 없었지만
예수의 이름이 갈릴리 사방에 퍼집니다
하나님의 마음을 느끼게 하는 말씀과
귀신을 쫓아내는 권세가
그리고
뜨거워진 사람들의 가슴이
예수를 전합니다

돌에 새기고
손바닥에 쥐여 주고
호주머니에 슬쩍 찔러 넣어 주고
힘으로 외우게 하는
포장된 세상의 이름과는
얼마나 다른지요
열려진 가슴들이 맞닿아
전해지는 예수의 이름은
지금도 사방으로 퍼집니다

떠나는 예수

사람들이 모입니다
소경 절름발이 벙어리 문둥병자 귀머거리 귀신들린 사람…
다 고치십니다
예수님의 기술이 아니라
사람을 불쌍히 여기는 하늘사랑이
그들을 고칩니다
그리고 예수님은
그 새벽에 한적한 곳에서 무릎을 꿇습니다
내가 아니라
아버지 당신이 하신 일임을
내 이름이 아니라
아버지 당신의 이름을 위해 하신 일임을
사람들이 나를 보지 않고
아버지의 사랑을 보게 해달라고 기도합니다

그리고 그는 또 그 새벽에
그들 곁을 떠납니다
박수와 감탄과 존경과 아부를
이고 지고 몰려오는 그들을
떠납니다
그렇게 하므로
그는 여전히 예수입니다

이르시되
우리가 다른 가까운 마을들로 가자
거기서도 전도하리니
내가 이를 위하여 왔노라
마가복음 1 : 38

소문내지 마라

곧 보내시며 엄히 경고하사 이르시되 삼가 아무에게 아무 말도 하지 말고 가서 네 몸을 제사장에게 보이고 네가 깨끗하게 되었으니 모세가 명한 것을 드려 그들에게 입증하라 하셨더라 (마가복음 1:43~44)

탑을 쌓으려고
돌을 찾습니다
바위를 쪼개 다듬고
냇가를 뒤져 둥근 돌을 고르고
땅 속에 묻힌 돌을 찾아내고
길 가에 버려진 모난 돌을 깎았습니다
하루 이틀
일 년 이 년
십 년 이십 년
어느 틈엔가
탑 쌓는 일은 잊고
돌만 찾아 깎습니다

소문내지 마라
문둥병자 고친 일을
작은 돌멩이 하나
다듬은 일을
나는
탑을 쌓아야 하리라

친구

사람들이 한 중풍병자를 네 사람에게 메워 가지고 예수께로 올새 무리들 때문에 예수
께 데려갈 수 없으므로 그 계신 곳의 지붕을 뜯어 구멍을 내고 중풍병자가 누운 상을
달아 내리니 예수께서 그들의 믿음을 보시고 중풍병자에게 이르시되 작은 자야 네 죄
사함을 받았느니라 (마가복음 2:3~5)

당신을 위해
지붕을 뜯는 친구가 있나요
예수 계시다는 소문 듣고
침대째 메고 달려갈 친구가 있나요

어느새 당신과 나는
하나, 둘, 숫자입니다
앞서거니 뒤서거니 하는
1등, 2등일 뿐입니다
사랑 우정 나눔 섬김은
어린 시절의 뒷주머니 속에서 구겨지고
1등, 2등을 알면서부터
당신과 나는
하나, 둘 숫자일 뿐입니다

당신을 위해
지붕을 뜯는 친구가 있나요
예수 계시다는 소문 듣고
당신을 침대째 메고 달려갈 친구가 있나요

세금 징수원 레위

레위는 세금을 걷는 로마의 하급관리입니다
이웃의 따가운 눈총을 받았지만
돈은 많이 벌었습니다
남들이 로마에 다 빼앗기고
텅 빈 헛간에 호미자루 내동댕이치며
하늘에 삿대질할 때
레위는 돌아앉아 돈을 세었습니다
하지만 그 돈으로
아무것도 살 수 없었습니다
함께 먹고 마실 이웃이 없었습니다
레위의 돈은 숨어 있어야 했습니다
그래서 그는
'나를 따르라'는 예수님의 부름에 순종합니다
쌓일수록 불안해지는 소유를
포기하고
행복을 만드는 관계를
선택합니다

또 지나가시다가
알패오의 아들 레위가
세관에 앉아 있는 것을 보시고
그에게 이르시되 나를 따르라
하시니 일어나 따르니라
마가복음 2:14

금식기도 하지 맙시다

신랑이 있을 때는
신랑과 더불어 맘껏 먹고 마시며 즐겨야 합니다
흥겨운 잔칫집에서
금식하는 것은 잔치를 망치는 짓입니다

금식기도 하지 맙시다
돈 달라고는
밥 달라고는
출세하게 해 달라고는
나만 예뻐해 달라고는
금식기도 하지 맙시다

예수께서 그들에게 이르시되
혼인 집 손님들이 신랑과 함께 있을 때에
금식할 수 있느냐
신랑과 함께 있을 동안에는

신앙이 게을러질 때
욕심이 자꾸 커질 때
사람이 하나님보다 더 커 보일 때
친구와 보내는 시간이 예배 시간보다 더 재밌어질 때
그래서
예수를 빼앗기려고 할 때
그때 금식기도 합시다

금식기도는
세상을 더 달라는 기도가 아니라
예수를 빼앗길 때
목숨 걸고 예수를 찾으려는 기도입니다

금식할 수 없느니라
그러나 신랑을 빼앗길 날이 이르리니
그 날에는 금식할 것이니라
마가복음 2 : 19 ~ 20)

날마다 죽어야 합니다

새 포도주를 낡은 가죽 부대에 넣는 자가 없나니 만일 그렇게 하면 새 포도주가 부대를 터뜨려 포도주와 부대를 버리게 되리라 오직 새 포도주는 새 부대에 넣느니라 (마가복음 2:22)

고쳐 쓸 수 없는 것은 버립시다
낡은 틀에 새 마음을 담지 맙시다
그런데
아무리 고치고 또 고쳐도 새 것은 없습니다
갈고 닦아도 여전히 낡은 틀뿐입니다
무엇이든 썩을 뿐입니다

'해 아래에는 새 것이 없나니 무엇을 가리켜 이르기를 보라 이것이 새 것이라 할 것이 있으랴' (전 1:9~10)

다 버려야 합니다
언제나 비워 두어야 합니다
하지만
매일 버리고, 매일 비워도
저 밑바닥엔
조금씩 조금씩 찌꺼기가 쌓입니다
그래서 우리는
날마다 죽어야 합니다

'형제들아 ·············· 나는 날마다 죽노라' (고전 15:31)

오늘이 안식일이니라

'안식일이 사람을 위하여 있는 것이요 사람이 안식일을 위하여 있는 것이 아니니 이러므로 인자는 안식일에도 주인이니라' (마가복음 2:27~28)

네 하나님을 기억하라
나는 네 하나님이라
오늘이 안식일이니라

네 이웃을 사랑하라
너희도 나처럼 거룩하라
오늘이 안식일이니라

네 몸을 쉬게 하라
너는 내 것이라
오늘이 안식일이니라

나를 부르지 마라

더러운 귀신들도 어느 때든지 예수를 보면 그 앞에 엎드려 부르짖어 이르되 당신은 하나님의 아들이니이다 하니 예수께서 자기를 나타내지 말라고 많이 경고하시니라 (마가복음 3:11~12)

내 이름을 부르지 마라
헐뜯고 원망하고 불평하는 입술로는
피 흘리며 움켜쥔 손으로는
탐욕으로 가득 찬 마음으로는
지옥에 저당 잡힌 영혼으로는
내 이름을 부르지 말라
너는 더러운 귀신이라

내 이름을 부르라
어머니를 찾는 갓난아이의 입술로
씨 뿌리는 농부의 손으로
내일을 꿈꾸는 청년의 마음으로
영생을 약속받은 영혼으로
내 이름을 부르라
너는 내 아들이라

가룟인 유다

또 가룟 유다니 이는 예수를 판 자더라 (마가복음 3:19)

실패한 사람은 보시오
포기한 사람은 보시오
가룟 유다는 단지
돌아오지 않았을 뿐이오
기회를 외면했을 뿐이오
너희 중에 하나가 나를 팔리라 하셨을 때
예수님이 발을 씻겨 주실 때
떡을 떼어 주실 때
그때
그는 돌아왔어야 했소
아니,
가서 네 할 일을 속히 하라 하셨을 그때도
많이 늦지는 않았었소
그는 그때 돌아왔어야 했소
유다의 실패는 단지
돌아오지 않았음이오

덤을 얹어 주시는 하나님

평생
하나밖에 없어 하나만을 심다가
지치고
두 개 심는 사람을 부러워하다가
절망하고
세 개 심기를 꿈꾸며
흘려보낸 시간의 끝자락에 서서
거둔 열매를 헤아려 봅니다.
하나 둘 셋 넷 …… ????
심은 것보다 더 많은 열매에 놀랍니다
그리고
덤을 얹어 주시는 하나님이
항상 내 곁에 계셨음을 깨닫고
또 한 번 놀랍니다

예수님을 깨웁시다

예수께서는 고물에서 베개를 베고 주무시더니 제자들이 깨우며 이르되 선생님이여
우리가 죽게 된 것을 돌보지 아니하시나이까 하니 예수께서 깨어 바람을 꾸짖으시며
바다더러 이르시되 잠잠하라 고요하라 하시니 바람이 그치고 아주 잔잔하여지더라
(마가복음 4:38~39)

어릴 적엔
비바람 불어도 뽑히지 않는
뿌리 깊은 나무가 되고
풍랑 일어도 흔들리지 않는
섬이 되고 싶었습니다

나이 들어
기도와 응답은 다르다는 말에
고개가 끄덕여지면서
살랑거리는 작은 유혹에도
여지없이 흔들리고
살짝 스치고 지나가는 뜬소문에도
가슴은 벌렁거리고
슬쩍 흘리는 곁눈질 한번에도
두 주먹이 부르르 떨립니다

지금은
한 푼 두 푼 쌓아놓고
돌아보는 재미 속에
시간도 꿈도 열정도 다 묻혔습니다
이제 다시
어릴 적 마음 한구석에 잠들어 계신
예수님을 깨워야 합니다
더 아니
아주 늦기 전에

변명하지 맙시다

열두 해를 혈루증으로 앓아 온 한 여자가 있어 많은 의사에게 많은 괴로움을 받았고 가진 것도 다 허비하였으되 아무 효험이 없고 도리어 더 중하여졌던 차에 예수의 소문을 듣고 무리 가운데 끼어 뒤로 와서 그의 옷에 손을 대니 이는 내가 그의 옷에만 손을 대어도 구원을 받으리라 생각함일러라 (마가복음 5:25~28)

깨진 아스팔트 틈에 핀
민들레 앞에서
불행이 입을 막고
농약병과 폐비닐 조각으로 덮인 웅덩이의
억새풀을 보며
불평이 부끄러워 제 얼굴을 가리고,
제초제를 소나기처럼 덮어 쓴 논둑의
질경이를 먹으며
절망이 고개를 숙인다
모두
하나님이 키우신 화초다
변명과 핑계를 꾸짖는
사람의 스승들이다

믿지 맙시다

회당장의 집에 함께 가사 떠드는 것과 사람들이 울며 심히 통곡함을 보시고 들어가서
그들에게 이르시되 너희가 어찌하여 떠들며 우느냐 이 아이가 죽은 것이 아니라 잔다
하시니 그들이 비웃더라 (마가복음 5:38~40)

사람들의 말은 믿을 수 없습니다
그때그때 몸이 느끼는 대로 말하고는
그 말조차 잊습니다
불과 몇 달 전 추위는 벌써 잊고
올여름 더위가 너무 빨리 왔다며
짜증 섞인 부채질을 합니다
이제 곧 부채질도 잊고
올 찬바람은 유난스럽다고 할 겁니다
오늘 새벽에도
진저리 치며 악쓰는 사발시계 소리에
등 떠밀려 일어나고는
지금 또 밤늦게까지
텔레비전 앞에 앉아 있습니다
도무지 나도 나를 믿을 수 없습니다
내가 나를 믿지 않아야
내가 삽니다

내 눈이 참 세상을 만나지 못합니다

내 눈이 참 세상을 만나지 못합니다
세상은
철새처럼 철따라 변하는 신문을 통해 보고
문화는
시청률에 목 맨 텔레비전을 통해 경험하고
공부는
학원을 통해 배우고
꿈은
성공한 선배들이 만들어 주고
새 친구는
얼굴도 이름도 묻지 않는 인터넷 채팅으로 사귀고
매일 똑같은 만남은
옮아맨 일상이 통제합니다
이젠
편견이 지식의 자리를 차지하고
선입견과 편견이 예지력으로 인정받아
마음의 눈으로도 볼 수 있는 것이 없습니다
마지막 남은 내 세상은
나를 찾아오신 예수님과 함께 보는 세상뿐입니다

이 사람이 마리아의 아들
목수가 아니냐
야고보와 요셉과 유다와 시몬의
형제가 아니냐
그 누이들이 우리와 함께
여기 있지 아니하냐 하고
예수를 배척한지라
마가복음 6:3

눈을 떴습니다

차라리 눈을 감았습니다

요한복음

예수께서 떡 다섯 개와
물고기 두 마리를 가지사
하늘을 우러러 축사하시고
떡을 떼어 제자들에게 주어
사람들에게 나누어 주게 하시고
또 물고기 두 마리도 모든 사람에게
나누시매 다 배불리 먹고
남은 떡 조각과 물고기를
열두 바구니에 차게 거두었으며
떡을 먹은 남자는 오천 명이었더라
마가복음 6 : 41 ~ 44

예수 + 믿음 = 기적

1+1=2를 배우고
1-1=0을 외웠기 때문에
빈 광야에서 내가 할 수 있는 것은
아무것도 없습니다
네가 먹이라는 예수님의 명령에도
이백 데나리온이 없어서 안 됩니다라고
대답하고는 그것이 정답이라고 믿습니다.
네가 가진 것이 무엇이냐는 예수님의 물음에도
떡 다섯 개와 물고기 두 마리뿐입니다라고
똑똑하게 대답합니다
그런데 예수님은
우리의 불가능한 그것을 가져오라 하셨고
축사하시고 5천 명을 먹이셨습니다
하나님의 나라에선
1+1=2가 아니고,
1-1=0도 아니었습니다
예수 + 믿음 = 기적이었습니다

즉시 서둘러 돌아가야 합니다

예수께서 즉시 제자들을 재촉하사 자기가 무리를 보내는 동안에 배 타고 앞서 건너편
벳새다로 가게 하시고 무리를 작별하신 후에 기도하러 산으로 가시니라
(마가복음 6:45~46)

예수님이 서두르셨습니다
즉시
재촉하사
자기가 사람을 보내시며
그동안에 제자들을
바다 건너편으로 쫓아내듯 보내셨습니다
그리고
예수님 자신도 기도하러
산으로 가셨습니다

우리도 서둘러야 합니다
즉시
스스로를 재촉해서
사람들의 칭찬과 박수에
머무르지 않도록
사람들의 높여 주는 말에
몸이 익숙해지지 않도록
용서받은 예배자로
다시 회개해야 할 기도자로
돌아가야 합니다

분장술

무대 뒤편은
각목과 합판으로 조립된 공사판입니다
분장실은
화장품과 옷가지가 널려 있는 난장판입니다
요리가 끝난 주방은
온통 쓰레기입니다
가꾸고 다듬어
앞에 세운 것들 뒤엔
본래 그것이었던 것들이
쓰레기처럼 널브러져 있습니다
교양과 체면으로
가꾸고 숨긴 내 겉모습 뒤엔
배설하지 못한 욕심의 찌꺼기와
포기하지 못한 허망한 꿈이
더 정교한 분장술을 만들고 있습니다

또 이르시되
사람에게서 나오는
그것이 사람을 더럽게 하느니라

마가복음 7 : 20

맨땅에 헤딩하기

주여 옳소이다마는 상 아래 개들도 아이들이 먹던 부스러기를 먹나이다
(마가복음 7:28)

흔들리지 않고 피는 꽃이 없다며
노래하고
비 맞지 않고 크는 꽃이 없다며
위로하지만
온실에서 영양제 먹으며
흠 없이 자란 꽃이
더 비싸게 팔리는 세상입니다
거절은 부끄러운 상처가 되고
불리한 환경은 저주가 되고
약점이 불행으로 여겨지는 세상입니다
도전은 허풍으로 메아리치고
재기는 신화로 그려지고
성공은 밑그림이 있어야 그려지는 그림입니다
이런 세상에서 예수는
맨땅에 헤딩하는 사람편입니다

동문서답

제자들이 대답하되 이 광야 어디서 떡을 얻어 이 사람들로 배부르게 할 수 있으리이까
예수께서 물으시되 너희에게 떡 몇 개나 있느냐 이르되 일곱이로소이다
(마가복음 8:4~5)

네가 가진 것이 무엇이냐고
물으시는 예수님 앞에서 우리는
내게 없는 것 때문에
못한다며 억울해합니다
나를 나답게 하시려고 오신
예수님에게 우리는
남처럼 살게 해 달라고 기도합니다
산파로 오신
예수님에게 우리는
잉태하지 않은 아기를 낳게 해 달라고 기도합니다
사람으로 오신
예수님에게 우리는
천사가 되어 하늘로 가게 해 달라고 매달립니다

표적을 보면 달라질까요

어찌하여 이 세대가 표적을 구하느냐 내가 진실로 너희에게 이르노니 이 세대에 표적을 주지 아니하리라 (마가복음 8:12)

원하는 것을 찾아서 기어이 보지만
늘 허전할 뿐이다
소망하는 것을 움켜쥐지만
잠시 기쁨일 뿐이다
원하는 것도
바라는 것도
철따라 부는 바람인 탓이다
바람 꼬리에 매달려 뒹구는
찢겨진 홍보 전단지처럼
지친 듯 끌려가는 삶은 또
얼마나 힘겨운지
이젠 차라리
눈을 감고
마음도 내려놓고
내 속에 말씀으로 사시는
그분만 바라볼 일이다

누룩을 주의하라

예수께서 경고하여 이르시되 삼가 바리새인들의 누룩과 헤롯의 누룩을 주의하라
(마가복음 8:15)

그들을 떠나
오셨던 길을 되짚어 가십니다
그들의 교만 때문입니다
배 타고 가시면서도 내내
속이 상하셨습니다
그들의 교만 때문입니다
먹을 것을 걱정하는 제자들에게도
누룩 같은 교만을 먼저 조심하라 하십니다
누룩이
밀가루 반죽을 부풀리듯
교만은 사람을
하나님이 될 때까지
부풀리기 때문입니다

기도는 기술이 아닙니다

예수께서 맹인의 손을 붙잡으시고 마을 밖으로 데리고 나가사 눈에 침을 뱉으시며 그에게 안수하시고 무엇이 보이느냐 물으시니 쳐다보며 이르되 사람들이 보이나이다 나무 같은 것들이 걸어 가는 것을 보나이다 하거늘 이에 그 눈에 다시 안수하시매 그가 주목하여 보더니 나아서 모든 것을 밝히 보는지라 (마가복음 8:23~25)

기도는
하나님의 위대하심 앞에
겸손의 무릎을 꿇고
하나님의 전능하심을 믿는
믿음의 손을 모아
중보하는 사람을 사랑하는
사랑의 마음으로
하나님의 자비를 구하는 것입니다
그래서 하나님의 아들 예수님도
맹인에게 조심스럽게 물으시고
그를 위해
거듭해서 기도하셨습니다
기도는 기술이 아니라
믿음으로 시작하는 요청입니다
응답은 기도하는 이의 능력이 아니라
하나님의 은혜입니다

자기 십자가

무리와 제자들을 불러 이르시되 누구든지 나를 따라오려거든 자기를 부인하고
자기 십자가를 지고 나를 따를 것이니라 (마가복음 8:34)

밤을 새워 기도해도
부모가 바뀌지 않았습니다
몇 날을 금식하며 기도해도
내가 다른 사람으로 바뀌지 않았습니다
불공평하다고 항의해도
달라지는 것은 없었습니다
예수님 곁에 있어도
예수가 되지 않았습니다

골고다 위에 세워진 십자가가
예수님의 것이었듯
원하지 않았던 지금 내 모습도
버릴 수 없는 내 것입니다
예수님이 십자가에서 뛰어내리지 않으신 것처럼
나도 내 삶을 포기할 수 없습니다
예수님이 그 십자가 위에서 다 이루었다고 하신 것처럼
내 십자가에서
내 열매를 맺어야 합니다

여전히 우리는 오늘도

예수께서 앉으사 열두 제자를 불러서 이르시되 누구든지 첫째가 되고자 하면 뭇 사람
의 끝이 되며 뭇 사람을 섬기는 자가 되어야 하리라 (마가복음 9:35)

두 개가 하나보다 많고
많음이 적음보다 크고
큼이 작음보다 좋아서
둘을 얻기 위해 하나를 빼앗고
많음을 만들기 위해 적음을 움켜쥐고
큼을 자랑하기 위해 작음을 부끄럽게 합니다
이렇게 하면 세상에선 1등입니다
그러나
더 오래 살아야 할 천국에서는
첫째가 되려면 뭇 사람의 끝이 되어야 하고
하나든 둘이든 본래 내 것이 없고
많음과 적음도 내 삶의 크기와 상관이 없는데…
여전히
우리는 오늘도 예수님께
크고 많은 축복만 강청합니다

가을에는

예수께서 앉으사 열두 제자를 불러서 이르시되 누구든지 첫째가 되고자 하면 뭇 사람
의 끝이 되며 뭇 사람을 섬기는 자가 되어야 하리라 (마가복음 9:35)

낙엽을 칭찬하는 가을에는
스스로 썩어 겨울을 사는
지혜로
낮아지게 하소서

단풍에 환호하는 가을에는
끝까지 제 삶을 사는
열정으로
붉어지게 하소서

높은 하늘을 우러르는 가을에는
죽음 앞에서 비워지는
삶의 이치로
맑아지게 하소서

돌의 비웃음

예수께서 이르시되 네가 이 큰 건물들을 보느냐 돌 하나도 돌 위에 남지 않고 다
무너뜨려지리라 하시니라 (마가복음 13:2)

사람들이 돌을 등에 지고 삽니다
돌의 크기가 능력의 크기 같고
돌의 반짝거림이 지혜로움 같고
돌의 무게가 권력 같고
돌의 숫자가 경제력 같아 보입니다
이제 사람들은
눈을 감아도 돌이 보입니다
낮에 얻지 못한 돌이
밤새 성을 쌓고 있습니다
어떤 이는
다른 이들의 성을 작은 망치로
밤새 쪼아내며 그 돌 조각에 묻힙니다
돌이 비웃습니다
스쳐 지나갈 사람이
천 년을 살 듯 쌓았다가
한순간의 변심으로 무너뜨리는
사람의 가벼움을 돌이 비웃습니다

정직한 기도

말씀하시되 내 마음이 심히 고민하여 죽게 되었으니 너희는 여기 머물러 깨어 있으라

(마가복음 14:34)

예수님이 소심해지셨습니다
제자들의 배신을 꼬집어 말씀하십니다
예수님이 점점 쫀쫀해지십니다
제자들의 충성심을 빈정대십니다
예수님이 초라해지셨습니다
제자들에게 죽게 되었다고 기도를 부탁하십니다
예수님이 갈등하십니다
하나님께 십자가를 피할 수 없느냐고 기도하십니다
예수님이 불안해하십니다
몇 번씩 안절부절 못하며 졸고 있는 제자를 깨우십니다
그러나
예수님의 이 기도가 십자가에서 승리하게 합니다
예수님의 이 기도가 하나님의 뜻을 완성합니다
기도는 허풍이 아니라 정직함입니다

도망가는 제자들

목숨을 걸고 충성을 맹세하던 제자들이
다 도망갑니다
나는 다르다며 큰소리치던 제자도
도망갑니다
칼을 빼서 휘두르던 용감한 제자도
도망갑니다
벗은 몸으로 허겁지겁 따라가던 이도 결국 벗은 몸으로
도망갑니다
기도하시던 예수님만
남습니다
자신의 고민을 기도로 드러내는 예수님만
남습니다
자신의 나약함을 인정하며 기도를 부탁하시는 예수님만
남습니다

하나님의 뜻대로 되기를 소망하며 자신을 포기한 예수님만
남습니다
하나님께 무릎 꿇은 겸손한 기도가
제자리를 지키게 합니다
자신의 연약함을 인정하는 정직한 기도가
자기 삶을 살게 합니다

제자들이 다 예수를 버리고
도망하니라
마가복음 14 : 50

예수님의 침묵

대제사장이 가운데 일어서서 예수에게 물어 이르되 너는 아무 대답도 없느냐 이 사람들
이 너를 치는 증거가 어떠하냐 하되 침묵하고 아무 대답도 아니하시거늘
(마가복음 14:60~61)

군중의 외침 속에서
침묵하기 위해 그토록 힘겹게
기도하셨습니다
버럭 화를 내고
부릅뜬 눈으로 원수를 노려보며
땅과 하늘을 맞닿게 하여 맷돌질하기보다
더 어려운 침묵을 위해
그토록 밤새워 기도하셨습니다

십자가로 말씀하실 때까지
침묵하기 위해
땀방울이 핏방울 되도록
기도하셨습니다
침묵으로밖에는
증명할 수 없는
고난 속의 승리를 위해
기도하셨습니다
하나님께 무릎 꿇은 기도와
세상을 향한 침묵이
십자가의 두 나무입니다

정직한 울음을 울게 하소서

닭이 곧 두 번째 울더라 이에 베드로가 예수께서 자기에게 하신 말씀 곧 닭이 두 번 울기 전에 네가 세 번 나를 부인하리라 하심이 기억되어 그 일을 생각하고 울었더라 (마가복음 14:72)

언제나 세상은 눈물이 열었습니다
신생아의 울음이 고통으로 일그러진 여자에게
엄마의 세상을 열었고
갓난아이의 울음은 자기만의 작은 세상을 열었습니다
슬픔의 상처를 씻겨내는 것도 눈물이었고
감출 수 없는 기쁨과 감격을
가장 겸손하게 그리고 아름답게 말하는 것도 눈물입니다
어머니 돌아가시고 몇 날 며칠을 울어야
비로소 삭혀지는 것도
눈물만이 새 세상을 만들기 때문입니다
무엇보다도
십자가 앞에서 쏟는 정직한 눈물은
영원한 생명의 세상을 엽니다
그러나 요즘엔
눈만 몇 번 껌벅하면
주르르 흐르는 눈물이 너무 많아
우는 얼굴조차 믿을 수 없는 세상입니다
주여
정직한 울음을 울게 하소서

빌라도

빌라도가 무리에게 만족을 주고자 하여 바라바는 놓아 주고 예수는 채찍질하고 십자가
에 못 박히게 넘겨 주니라 (마가복음 15:15)

예수와 빌라도는 한 몸이다
침묵하는 영혼과
고함치는 육신이 날마다
한 몸에서 다툴 뿐이다
제가 온 곳과 제가 갈 곳을 알기에
침묵으로 고함치는 영혼에게
고삐 풀린 망아지처럼
이리 뛰고 저리 뛰는 육신은
아직은 내가 주인이라며 으름장이다
영혼이 육신을 떠나는 날
그제야 미안한 듯
육신은 낡고 힘없는 어색한 미소와
맹물 같은 눈물 한 방울 떨굴 뿐이다
예수에게 사형을 선고한 빌라도가
내내 울며 방황했듯이 말이다

아이 같은 어른

지나가는 자들은 자기 머리를 흔들며 예수를 모욕하여 이르되 아하 성전을 헐고 사흘에 짓는다는 자여 네가 너를 구원하여 십자가에서 내려오라 (마가복음 15:29~30)

잘한다는 말에
저 죽을 줄 모르고 내달리고
밥보다 구경이라며
온갖 것에 기웃거리다가
죽어도 고를 외치며
한껏 제 고집 부리면서
그렇게 그렇게
시간을 보내고
재능도 묻혀지고
꿈도 희미해진 채
얽히고설켰던 사람들이
하나씩 하나씩
떠나고 나면
볼품없이 혼자 남아
추억으로 소꿉장난하다가
이제 씻고 밥 먹어야지 하는 엄마 소리에
소꿉살림 내던지는 아이 같은 어른들
오늘도 하루를 그렇게 산다

그분이 참 나입니다

또 이르시되 너희는 온 천하에 다니며 만민에게 복음을 전파하라 (마가복음 16:15)

나를 만나기 위해 하늘의 그분이
내가 되셨습니다
내 아픔을 치료하시기 위해 그분은
내 아픔이 되셨습니다
내게 소망을 주시기 위해 그분은
내 미래가 되셨습니다
내게 영원한 생명을 주시기 위해 그분은
내 잠깐의 죽음이 되셨습니다
내 속에 참 나로 사시기 위해 그분은
부활하셨습니다
이것이 복음입니다 그래서
내 속에 있는 그분과의 만남
내 속에 있는 참 나와의 만남이 믿음입니다
그 만남을 기뻐하고 자랑하는 사람이
복음의 증인입니다

그분이 만드는 세상

숨어 있으면 알려지지 않고
뒤에 있으면 잊혀지는 것이 세상입니다
이런 세상에서는
드러나야 '나'가 있고
묻혀버리면 '나'도 없습니다
그러나
알려지고 잊혀지는 것도
드러나고 사라지는 것도
사람들의 세 치 혀와 흘낏거림 속에 뒤섞여 있을 뿐입니다
몇 마디 말로
눈길 몇 번으로 얻는 세상은 나를 품지 못합니다
오직
세상에 드러나지 않고도 세상 모두를 품는 예수님
하나님의 때로 세상의 때를 심판하시는 예수님
그분이 만드는 세상만이
나는 나로
너는 너로 행복할 수 있는 세상입니다

하나님은 삶입니다

유대인들이 놀랍게 여겨 이르되
이 사람은 배우지 아니하였거늘 어떻게 글을 아느냐 하니 (요한복음 7:15)

자식이 어미의 품을 알고
굶주린 손이 밥을 움켜쥐는 것은
지식이 아니라 삶입니다
예수님이 하나님을 알고
사람이 예수님을 찾는 것 또한
학문이 아니라 삶입니다
이렇듯
하나님을 지식으로 배우지 않고
삶으로 사는 사람은
말씀이 하나님의 것임을 고백하며
순종하려는 마음으로 듣기에
그 삶에
불의가 없으며
하나님의 영광이 나타납니다

쌀이 금보다 귀합니다

모세의 율법을 범하지 아니하려고 사람이 안식일에도 할례를 받는 일이 있거든 내가 안식일에 사람의 전신을 건전하게 한 것으로 너희가 내게 노여워하느냐 외모로 판단하지 말고 공의롭게 판단하라 하시니라 (요한복음 7:23~24)

쌀이 금보다 소중하지만 흔하고
물이 비단보다 소중하지만 값이 싼 것은
우리 몸의 겉보다는

속을 채우시려는
하나님의 계획 때문입니다
예수가 바리새인보다 존귀한 분이지만
우리의 친구가 되시고
계명이 율법보다 소중하지만
지키기에 쉬운 것은
우리 삶의 속을 채워
참된 행복을 누리게 하시려는
하나님의 사랑 때문입니다

예수님처럼

예수께서 성전에서 가르치시며 외쳐 이르시되 너희가 나를 알고 내가 어디서 온 것도
알거니와 내가 스스로 온 것이 아니니라 나를 보내신 이는 참되시니 너희는 그를 알지
못하나 나는 아노니 이는 내가 그에게서 났고 그가 나를 보내셨음이라 하시니
(요한복음 7:28~29)

아버지를 아는 아들은 자신을 안다
아버지의 얼굴을 보는 아들은 꿈을 꾼다
아버지의 손을 잡은 아들은 머뭇거리지 않는다
아버지의 발걸음을 뒤따르는 아들은 방황하지 않는다
아버지의 음성을 듣는 아들은 기다릴 줄 안다
아버지의 품에 안긴 아들은 단잠을 잔다
아버지의 뜻을 깨달은 아들은 조급해하지 않는다
아버지의 사랑을 확신하는 아들은 당당하다
아버지 속에서 나온 아들은 그 또한 아버지가 된다
아버지로부터 보냄을 받은 아들은 그것으로 자신을 완성한다
예수님처럼…
예수님처럼 하나님을 알면…
예수님처럼 하나님을 아버지로 고백할 수 있다면…

밥

명절 끝날 곧 큰 날에 예수께서 서서 외쳐 이르시되 누구든지 목마르거든 내게로 와서 마시라 나를 믿는 자는 성경에 이름과 같이 그 배에서 생수의 강이 흘러나오리라 하시니 (요한복음 7:37~38)

어허 사람들아
이제 밥 구경들은 그만 하게나
침 흘리며 구경한다고
자네 입에 밥이 들어가겠는가
왼손엔 밥 그릇 움켜쥐고
오른손으로 숟가락 단단히 쥐고
입에 퍼 넣고
이빨로 꼭꼭 씹어 넘겨야
자네 몸 되는 밥일세
이보게들
이제 예수 구경은 그만 하게나
그분은 구경거리가 아니라 밥일세
가슴으로 움켜쥐고
눈물 콧물로 맛을 낸 후
삶에 푹푹 퍼 넣어
하루하루 꼭꼭 씹어 삼켜야 할
우리의 밥일세

안드레를 찾습니다

제자 중 하나 곧 시몬 베드로의 형제 안드레가 예수께 여짜오되 여기 한 아이가 있어
보리떡 다섯 개와 물고기 두 마리를 가지고 있나이다 그러나 그것이 이 많은 사람에게
얼마나 되겠사옵나이까 (요한복음 6:8~9)

안드레란 사람이 있었습니다
굶주린 수천 명 앞에
물고기 두 마리와 보리떡 다섯 개를 가져오고
경건하고 거룩한 명절 유월절에
불결한 이방인을 예수님에게로 안내하고
무식한 베드로를 예수님께 소개하여
그 위에 교회를 세우게 한
안드레란 사람이 있었습니다
이제 다시
안드레를 찾습니다
내 지식으로 판단하고 결정하는 사람에게
예수님께 묻자고 말하는
1등만 기억하는 세상이라고 말하는 사람에게
남길 이름 없어도
예수님 때문에 기쁘다고 말하는
크고 높지 않으면 성공이 아니라고 말하는 사람에게
예수님 곁에 있는 것이 성공이라고 말하는
안드레를 찾습니다

빈 예배당

다 각각 집으로 돌아가고 예수는 감람 산으로 가시니라 (요한복음 7:53~8:1)

첫 번째 집사가 들어와 소리치오
두 번째 권사가 들어와 소리치오
세 번째 장로가 들어와 소리치오
네 번째 목사가 들어와 소리치오

주 - 여

첫 번째 집사가 나가오
두 번째 권사가 나가오
세 번째 장로가 나가오
네 번째 목사가 나가오

빈 예배당엔
예수님만 멀뚱멀뚱

그가 나입니다

예수께서 일어나사 여자 외에 아무도 없는 것을 보시고 이르시되 여자여 너를 고발하던
그들이 어디 있느냐 너를 정죄한 자가 없느냐 대답하되 주여 없나이다 예수께서 이르시
되 나도 너를 정죄하지 아니하노니 가서 다시는 죄를 범하지 말라 하시니라
(요한복음 8:10~11)

돌멩이는 길바닥에 널려 있습니다
던지고 싶은 사람도
던지고 싶은 마음도
널려 있습니다
때론 돌멩이를 쥔 손이
부르르
떨리기도 합니다
때론 돌멩이를 품은 가슴이
꿍꽝거리며
요동치기도 합니다

그러나 결국엔
돌멩이를 내려놓고 돌아서야 합니다
그가 나이기 때문입니다
그리고
모든 사람에겐
다시 시작할 수 있는 기회가 있어야 하고
나 또한
그 기회를 얻어
이렇게 살고 있기 때문입니다

판단

알아도 말하지 않고
보아도 손가락질하지 않음은
눈으로 볼 수 없는 것을 보고
귀로 들을 수 없는 것을 듣기 때문입니다
그렇습니다
하늘의 소리를 듣는 이는
땅의 소리에 귀를 기울이지 않고
영원한 삶을 바라보는 사람은
남에게 마음을 빼앗기지 않습니다
저도 모르는 남의 일에
마음을 두고
말을 보태는 것은
제 마음 둘 곳이 없기 때문입니다

너희는 육체를 따라 판단하나
나는 아무도 판단하지 아니하노라
만일 내가 판단하여도
내 판단이 참되니
이는 내가 혼자 있는 것이 아니요
나를 보내신 이가
나와 함께 계심이라
요한복음 8 : 15 ~ 16

너무 늦습니다

너무 늦습니다
예수님이 십자가에 달린 후에야
그분이 하나님의 아들임을 깨닫는 것은
하나님의 심판 앞에 선 후에야
십자가가 구원의 방법이었음을 깨닫는 것은
오늘의 후회가
내일을 준비한다며
어제의 실수를 용서하고
사람은 시행착오를 통해 성장한다며
부끄러운 과거를 숨겨보지만
그 끝엔
돌이킬 수 없는 큰 후회뿐입니다

예수님의 말씀은

그러므로 예수께서 자기를 믿은 유대인들에게 이르시되 너희가 내 말에 거하면 참으로
내 제자가 되고 진리를 알지니 진리가 너희를 자유롭게 하리라 (요한복음 8:31~32)

예수님의 말씀은 밥입니다
묵상의 도구나
연구의 대상이 아니라
우리가 먹어야 할 밥입니다

예수님의 말씀은 물입니다
향을 음미하는 커피나
격식 갖춰 마시는 차가 아니라
우리가 날마다 마셔야 할 생수입니다

예수님의 말씀은 집입니다
잠시 놀다 가는 놀이동산이나
아프면 찾아가는 병원이 아니라
날마다 자고 일어나야 할 집입니다

예수님의 말씀은 생명입니다
얼굴을 가꾸는 화장품이나
마음을 다듬는 교훈이 아니라
우리에게 천국의 소망을 주는 생명입니다

나는 아브라함의 자손입니다

대답하여 이르되 우리 아버지는 아브라함이라 하니 예수께서 이르시되 너희가 아브라함의 자손이면 아브라함이 행한 일들을 할 것이거늘 (요한복음 8:39)

나는 아브라함의 자손입니다
할아버지 때부터 하나님을 알았습니다
교회 직분도 있습니다
내 아내도 교회학교 교사입니다
물론 우리 아이들도 교회학교에 잘 보내고 있습니다
그리고 가끔씩 설교를 들으면 가슴이 뜨거워집니다
찬송을 부르면 눈물도 납니다
그런데
월요일부터는 교회를 잊고 삽니다
하나님의 나라는 왠지 동화 속 나라 같습니다
예수께서 이르시되라는 말보다 사업상이란 말이 더 편합니다
성령님의 인도하심을 기다리기보다는
경험과 지식을 따르는 것이 더 이성적이라는 생각이 듭니다
내가 정말 아브라함의 자손일까요

곧 밤이 됩니다

때가 아직 낮이매 나를 보내신 이의 일을 우리가 하여야 하리라 밤이 오리니 그 때는
아무도 일할 수 없느니라 (요한복음 9:4)

왜 소경이 되었느냐는 물음에
하나님이 계획하신 일이라고 말씀하십니다
누구의 죄 때문이냐는 물음에
나는 내게 맡겨진 일을 해야 한다고 말씀하십니다
쓸데없이 남의 일에 참견하는 제자들에게
아직 해가 있을 때 네 일을 하라고 말씀하십니다
그렇습니다
각각의 삶은 다 다릅니다
땅 위에 살면서 하늘을 설명할 수 없듯
내 삶에 서서 네 삶을 해석할 수는 없습니다
그래서 침묵해야 합니다
내게 맡겨진 일을 서둘러야 합니다
곧 밤이 됩니다

차라리 눈을 감았습니다

이에 그들이 맹인이었던 사람을 두 번째 불러 이르되 너는 하나님께 영광을 돌리라 우리는 이 사람이 죄인인 줄 아노라 대답하되 그가 죄인인지 내가 알지 못하나 한 가지 아는 것은 내가 맹인으로 있다가 지금 보는 그것이니이다 (요한복음 9:24~25)

눈을 떴습니다
땅과 하늘
아버지와 어머니
내일과 꿈
그리고 신기한 듯 몰려든 사람들이 보입니다
낯선 나를 더듬으며 두리번거리는데
세상은 따져 묻기부터 합니다
네가 어떻게 눈을 떴느냐
네 눈을 뜨게 한 이가 누구라고 생각하느냐
선지자라고
아니다 그는 죄인이다
너도 죄인이다
세상은 내게 다시 눈을 감으라고 윽박지릅니다
차라리
눈을 감았습니다
부인할 수 없는 예수님을 보기 위해
세상을 향한 눈을 감았습니다

소경처럼 쫓겨나겠습니다

예수께서 그들이 그 사람을 쫓아냈다 하는 말을 들으셨더니 그를 만나사 이르시되 네
가 인자를 믿느냐 대답하여 이르되 주여 그가 누구시오니이까 내가 믿고자 하나이다
(요한복음 9:35~36)

성전관리자가 쫓아낸 사람을
성전의 주인이 만납니다
율법이 거절한 사람을
사랑의 새 언약이 품었습니다
세상이 밀어낸 사람을
예수님이 찾아갑니다
땅에서 밀어 떨어뜨린 사람을
하늘이 들어 올립니다
어차피
육신을 땅에 묻고
영혼의 몸으로
성전의 주인이신 예수님과 함께
하늘로 가야 한다면
차라리
소경처럼 쫓겨나겠습니다

나는 양의 문이라

문으로 들어가는 이는 양의 목자라 문지기는 그를 위하여 문을 열고 양은 그의 음성을 듣나니 그가 자기 양의 이름을 각각 불러 인도하여 내느니라 …(중략)… 내가 진실로 진실로 너희에게 말하노니 나는 양의 문이라 (요한복음 10:2~3, 7)

나는 양의 문이라
좋은 풀과 편안한 쉼이 내 몸에 있나니
양들아
내 몸을 밟고 나가라
나를 밟고 들어오라

나는 세상과 하늘을 잇는 문이라
시작과 끝이 내 몸에 있나니
사람들아
내 몸 속에 네 육신을 묻고
내 몸 속에 네 영혼을 심으라

그분은 나를 아십니다

나는 선한 목자라 내가 내 양을 알고 양도 나를 아는 것이 아버지께서 나를 아시고 내가 아버지를 아는 것 같으니 나는 양을 위하여 목숨을 버리노라
(요한복음 10:14~15)

그분은 나를 아십니다
뿌리가 싹을 알고 꽃이 열매를 알 듯
그분은 나를 아십니다
손이 발을 알고, 마음이 꿈을 알 듯
그렇게
그분은 나보다 나를 더 잘 아시기에
내가 기도하기 전에 이미 응답하고 계십니다
그분은 내게 삶을 주신 분이기에
내 삶의 짐을 함께 지고 계십니다
내 아픔을 통해 그분의 뜻을 이루시기에
내 눈에 눈물이 흐를 때 그분의 가슴에선 피가 흐릅니다
그분은 나를 아십니다
그분은 내 안에 계신 내 아버지입니다

내가 아버지의 일을 하지 않고
있다면 나를 믿지 않아도 좋다
그러나 내가 그 일을 하고 있으니
나를 믿지 않더라도
내가 하는 일만은
믿어야 할 것이 아니냐?
그러면 너희는 아버지께서
내 안에 계시고
또 내가 아버지 안에 있다는 것을
확실히 알게 될 것이다
요한복음 10 : 37 ~ 38 공동번역

나를 믿지 말라

나를 믿지 말라
네 지식으로 판단되는 나는 믿지 말라
비록 내가 아버지의 일을 하고 있더라도
그러나
드러나는 일은 믿으라
네 눈에 보이는 아버지의 일은 믿으라
그 일 속에 계신 아버지의 능력을
나를 깨달으라
아버지의 능력이 내 안에 살고 계심을
나를 확신하라
내가 아버지의 일을 완성했음을
나를 믿으라
나와 아버지가 하나임을
그래서
내 안에 영원한 생명이 있음을

예수님의 이틀

그래서 예수께서는 분명히 말씀하셨다. "라자로는 죽었다. 이제 그 일로 너희가 믿게
될 터이니 내가 거기 있지 않았던 것이 오히려 잘 된 일이다. 그 곳으로 가자."
(요한복음 11:14~15 공동번역)

하나님은 사람이 요구하는 대로 응답하실 책임이 없습니다
응답은 하나님의 계획입니다
요단 저편에서의 이틀은
베다니 나사로의 죽음이었고
마르다와 마리아의 절망이었으며
제자들에겐 의혹이었습니다
그러나
그 이틀은 하나님의 계획이었습니다
그 이틀로
예수님은 제자들의 믿음을 훈련시키시며
죽음을 이기시는 하늘의 능력을 증명하십니다
내 기도처럼 응답되지 않는
아직까지의 내 삶은
하나님의 계획 가운데 들어 있는 나의 이틀입니다
예수님은 여전히
나를 사랑하십니다

부활

예수께서 마르다에게 말씀하셨다. "나는 부활이요 생명이니, 나를 믿는 사람은 죽어도 살고, 살아서 나를 믿는 사람은 영원히 죽지 않을 것이다. 네가 이것을 믿느냐?" (요한복음 11:25~26 표준새번역)

눈을 들어 먼 꿈을 꾸고
귀를 열어 마음 가득 소망을 채워도
기껏
두 팔로 안아 품는 아름 속의 세상일 뿐이다
예수님의 기적에 놀라 하늘을 우러르고
예수님의 말씀을 들으며 고개를 끄덕이며
가슴이 불끈거려도
역시
내 아름 속의 믿음일 뿐이다
차라리
깨달았다고 하지 말자
이제야 알았다고 하지도 말자
예수님이 곧 부활이며 생명이심만을 믿자
그 믿음으로만이
내 아름의 세상을 넘는다

하나가 부족한 믿음

예수께서 이르시되 돌을 옮겨 놓으라 하시니 그 죽은 자의 누이 마르다가 이르되 주여 죽은 지가 나흘이 되었으매 벌써 냄새가 나나이다 (요한복음 11:39)

마지막에서 하나 모자란 물방울은
고인 물에 불과하고
마지막에서 하나 모자란 눈송이도
나뭇가지를 꺾지 못합니다
'돌을 옮겨 놓으라'
'이미 썩어 냄새가 납니다'
그렇습니다
항상 이랬습니다
기적이 일어나게 해 달라고
예수님의 특별하신 사랑이 아니면 안 된다고
세상이 줄 수 없는 축복을 달라고 졸라 놓고는
마지막 순간에는 스스로 포기합니다
메시아를 천 년이나 기다려왔던 유대인들이
예수님을 십자가에 못 박았던 것처럼
마지막 물방울이 바위를 뚫고
마지막 눈송이가 나뭇가지를 꺾듯
그렇게 마지막까지 믿는 믿음이
돌문을 옮깁니다

차라리 짐승이라면

그러므로 예수께서 다시 유대인 가운데 드러나게 다니지 아니하시고 거기를 떠나 빈 들
가까운 곳인 에브라임이라는 동네에 가서 제자들과 함께 거기 머무르시니라
(요한복음 11:54)

얼마나 힘드셨기에
오죽하셨으면
사람을 위해
사람의 몸을 입고
사람의 친구가 되려고
오신 예수님께서
도리어 그 사람들의 곁을 떠나셨을까
도대체 하나님께서
사람의 코에 불어 넣으신
생기가 무엇일까
차라리
짐승이라면 은혜를 알 텐데

오직 예수님 때문에

거기서 예수를 위하여 잔치할새 마르다는 일을 하고 나사로는 예수와 함께 앉은 자 중
에 있더라 마리아는 지극히 비싼 향유 곧 순전한 나드 한 근을 가져다가 예수의 발에 붓
고 자기 머리털로 그의 발을 닦으니 향유 냄새가 집에 가득하더라 (요한복음 12:2~3)

죽은 자를 살리신 예수를 영접하는 잔치
거기에
다시 살아난 나사로
음식을 대접하는 마르다
나드 향유로 예수를 예배하는 마리아가 있었습니다
그러나 거기에는
음식을 먹으며
예수를 구경하다가
마리아의 예배를 비난하는 가룟 유다도
그의 비난에 고개를 끄덕이며 수군거리는
동네 사람들도 있었습니다
이제 분명합니다
거룩한 사역에 참여할 이유는
오직 예수님 때문입니다

생명의 창조

흙에 묻힌 씨앗에서 뿌리가 내리고
뿌리는 썩은 몸을 먹고 싹을 냅니다
갓난아이의 눈에도 보이는
이 간단한 그림이
왜 어른들의 눈엔 보이지 않을까요
자기에 집착하기 때문입니다
소유에 대한 착각 때문입니다
고난에 대한 오해 때문입니다
죽지 않고 살기만 하려는 약삭빠름 때문입니다
그렇습니다
생명의 창조는 정직한 어린아이들만 경험하는 일상입니다

나를 따르라

사람이 나를 섬기려면 나를 따르라 나 있는 곳에 나를 섬기는 자도 거기 있으리니 사람이 나를 섬기면 내 아버지께서 그를 귀히 여기시리라 (요한복음 12:26)

마음은 두고 몸만 가는 것은 쉽습니다
바위처럼 자리만 지키면 되니까요
그러나 그것은
하나님을 속이는 일입니다
몸 없이 마음만 보내는 것도 쉽습니다
그럴듯한 말 몇 마디 보내면 되니까요
그러나 그것은
나를 속이는 일입니다
몸이 마음을 담고
마음의 색이 몸을 칠해야
정직한 삶을 그릴 수 있습니다
이것이 마음과 뜻과 정성과 힘을 다해
하나님을 섬기는 것입니다

빛을 거절한 어둠

너희에게 아직 빛이 있을 동안에 빛을 믿으라 그리하면 빛의 아들이 되리라 예수께서
이 말씀을 하시고 그들을 떠나가서 숨으시니라 (요한복음 12:36)

빛이 어둠을 찾아갑니다
언제나 빛이 어둠을 먼저 찾아갑니다
그리고
항상 어둠은 빛을 거절합니다
빛 속으로 사라짐을 두려워하기 때문입니다
그러나 그것은
사라짐이 아니라 드러남입니다
어둠에 속았던 제 모습이 비로소 드러나는 것입니다
빛을 거절함은
화장이 지워진 제 모습을 두려워함입니다
어둠을 사랑함은
영혼이 가야 할 좁은 길을 보지 않기 위함입니다
결국
빛이 어둠을 떠납니다
그리고 남는 것은
가식과 허풍으로 더듬어 아는 껍데기뿐입니다

너도 가서 이같이 하라

유월절 전에 예수께서 자기가 세상을 떠나 아버지께로 돌아가실 때가 이른 줄 아시고
세상에 있는 자기 사람들을 사랑하시되 끝까지 사랑하시니라 (요한복음 13:1)

저녁을 잡수시다가
대야에 물을 떠 오셨습니다
겉옷을 벗고
수건을 허리에 두르시고
제자들 발밑에 앉아
발을 씻기십니다
황송해하는 베드로의 발과
예수를 팔아넘길 가룟 유다의 발까지
그렇게 한 사람씩
제자들의 발을 씻기던 예수님은
오늘 내 발을 씻겨 주십니다
그러고는
너도 가서 이같이 하라 하십니다
그러나 오늘 내 손은
욕심을 좇아 허공을 휘젓고
내 허리는 배가 너무 불러
구부릴 수 없습니다

예수께서 이 말씀을 하시고
심령이 괴로워 증언하여
이르시되 내가 진실로 진실로
너희에게 이르노니
너희 중 하나가 나를 팔리라
하시니 제자들이 서로 보며
누구에게 대하여
말씀하시는지 의심하더라
요한복음 13 : 21 ~ 22

나를 불쌍히 여기소서

내 안에 도마가 있고 가룟 유다도 있습니다
내 눈으로 보고 싶은 도마의 의심과
내 생각대로 만들고 싶은 가룟 유다의 욕심이 있습니다
도마를 흉볼 수 없습니다
나 또한 내 눈에 보이는 것을 우선합니다
가룟 유다를 비난할 수 없습니다
나 또한 내 소망이 응답되기를 기다리고 있습니다
하지만 수십 년을 살며
내 판단에 실패하고
내 욕심에 재능을 낭비한 지금은 마땅히
하나님만 믿어야 하고
나를 버려야 함을 압니다
그러나
여전히 믿지 못하고 버리지 못하는
내 고집에 절망합니다
자비하신 아버지
나를 불쌍히 여기소서

사랑은 내가 아플 때까지
주는 것입니다

유다가 그 조각을 받고 곧 나가니 밤이러라 그가 나간 후에 예수께서 이르시되 지금 인
자가 영광을 받았고 하나님도 인자로 말미암아 영광을 받으셨도다
(요한복음 13:30~31)

사랑은 내가 아플 때까지 주는 겁니다
자신을 팔아넘길 원수의 발을 씻기며
거듭해서
그에게 돌아올 기회를 주시다가
끝내 멱살잡이 하지 않고
네가 하는 일을 속히 하라(13:27) 하시는
예수님처럼 그렇게
자신을 아플 때까지 내어 주는 것이 사랑입니다

내가 길이니 나를 밟고 가라

예수께서 이르시되 내가 곧 길이요 진리요 생명이니 나로 말미암지 않고는 아버지께
로 올 자가 없느니라 (요한복음 14:6)

내가 길이니 나를 밟고 가라
가시밭길을 몸으로 덮고
산과 골을 살과 피로 메웠으니
나를 밟고 가라

내가 진리이니 나를 배우라
낮아짐으로써 높아지고
지금 죽어 영원히 사는 이치가 내게 있으니
나를 배우라

내가 생명이니 나를 가지라
십자가 위에서 천국을 약속하고
무덤에서 부활하는 힘이 내게 있으니
나를 가지라

보려 하지 말고 믿으라

예수께서 이르시되 빌립아 내가 이렇게 오래 너희와 함께 있으되 네가 나를 알지 못하느냐 나를 본 자는 아버지를 보았거늘 어찌하여 아버지를 보이라 하느냐
(요한복음 14:9)

네 눈으로 하나님을 보겠다고
어림없는 소리
저 보고 싶은 것만 보는 그런
편견과 고집으로 가득 찬 눈으로 무엇을 보겠느냐
보려 하지 말고 믿으라
하나님께서
너를 위해 나를 보내셨음을
내 안에
너를 사랑하는 하나님이 계심을
믿으라 그리고 그 믿음으로
너를 보라 그러면
네 안에 계신 하나님을 만나리라

그늘은 세상이 만듭니다

예수께서 대답하여 이르시되 사람이 나를 사랑하면 내 말을 지키리니 내 아버지께서
그를 사랑하실 것이요 우리가 그에게 가서 거처를 그와 함께 하리라 (요한복음 14:23)

해가 그늘을 만들지 않습니다
예수님은 누구에게나
하나님의 아들입니다
사람의 지식과 편견과 교만이
그를
목수의 아들로 만들었을 뿐입니다

하나님은 누구에게나
따뜻한 사랑입니다
사람의 욕심과 어리석음이
그 사랑을
외면할 뿐입니다
그늘은 세상이 만듭니다

예수나무

나는 포도나무요 너희는 가지라 그가 내 안에, 내가 그 안에 거하면 사람이 열매를 많이 맺나니 나를 떠나서는 너희가 아무 것도 할 수 없음이라 (요한복음 15:5)

착각하지 맙시다
열매는 내 수고가 아닙니다
부끄러워하지 맙시다
열매는 내 능력이 아닙니다
남과 비교하지 맙시다
열매는 숫자로 셀 수 없습니다
핑계하지 맙시다
열매는 어디서든 열립니다
집착하지 맙시다
열매를 창고에 쌓을 수 없습니다
예수나무 열매는 예수이기 때문입니다
그리고 예수는
하나님이 계획하신 내 삶이기 때문입니다

너희가 원하는 것이
내 열매가 되리라

너희가 내 안에 거하고 내 말이 너희 안에 거하면 무엇이든지 원하는 대로 구하라
그리하면 이루리라 (요한복음 15:7)

너희가 내 안에 있고
내가 너희 안에 있어
너희와 내가 한 몸이면
너희의 기도가 내 땀이 되고
너희의 삶이 내 일터가 되어
너희가 원하는 것이
내 열매가 되리라

세상은 성도의 일터입니다

너희가 세상에 속하였으면 세상이 자기의 것을 사랑할 것이나 너희는 세상에 속한 자가 아니요 도리어 내가 너희를 세상에서 택하였기 때문에 세상이 너희를 미워하느니라 (요한복음 15:19)

세상은 성도를 담지 못합니다
성도는 세상 위에 서 있을 뿐입니다
세상은 성도와 한 몸이 되지 못합니다
성도는 하늘에 속한 몸이기 때문입니다
세상은 성도의 일터입니다
말씀과 사랑으로 변화시켜야 할 대상일 뿐입니다
그래서 받는 미움이라면
차라리 기쁨입니다
그래서 받는 핍박이라면
그것은 성도의 신분증입니다

쫓겨납시다

복음의 시작 예수 그리스도
종교 개혁자 마틴 루터
신앙의 나라를 세운 청교도
감리회의 존 웨슬리
모두 하나님의 이름으로 쫓겨난
하나님의 사람들입니다
그러나
복음의 순결함과
성령의 능력은
이렇게 쫓겨난 이들의 삶으로 전해집니다
쫓겨납시다
하나님의 이름을 모욕하고
예수님을 이용하려는 자들로부터
그리고 기뻐합시다
쫓겨난 내 삶 속에 예수가 살아 계심을

떠남은 사역의 시작입니다

하나님이 하늘 보좌를 떠남으로
사람을 위한 예수님의 사역이 시작되었고
예수님이 제자들의 곁을 떠남으로
성령에 의한 제자들의 사역이 시작됩니다
아브라함이 고향을 떠남으로
이스라엘이 시작되었고
모세가 궁궐을 떠남으로
이스라엘의 해방이 시작되었고
제자들이 예루살렘을 떠남으로
교회가 시작됩니다
이렇듯 부르심에 의한 떠남은
사역의 시작입니다

사랑

곧 내가 그들 안에 있고 아버지께서 내 안에 계시어 그들로 온전함을 이루어 하나가 되게 하려 함은 아버지께서 나를 보내신 것과 또 나를 사랑하심 같이 그들도 사랑하신 것을 세상으로 알게 하려 함이로소이다 (요한복음 17:23)

하나 됨은 사랑의 결과입니다
그리고
사랑은 하나 되는 방법입니다
그러니까
사랑하는 일과 하나 되는 일은
다른 일이 아니라 같은 일입니다
그러므로
하나 되지 못하는 사랑은 절반이 부족한 사랑입니다
하나님이 예수님과 하나 됨으로
사람을 향한 사랑을 완성하셨듯
너와 내가 하나 된 우리 속에서
세상을 향한 사랑이 완성됩니다

얼마나 좋을까

예수께서 이 말씀을 하시고 제자들과 함께 기드론 시내 건너편으로 나가시니 그 곳에
동산이 있는데 제자들과 함께 들어가시니라 그 곳은 가끔 예수께서 제자들과 모이시는
곳이므로 예수를 파는 유다도 그 곳을 알더라 (요한복음 18:1~2)

얼마나 좋을까
어제 같은 오늘이 감사하고
오늘 같은 내일을 소망할 수 있는
그런 하루를 산다면

얼마나 좋을까
죽음이 다가와도
어제처럼 사는 오늘로
그 앞에 평안히 설 수 있다면

얼마나 좋을까
부활의 확신이 있어
죽음으로 위협하는
세상 앞에 당당히 설 수 있다면

사람의 약속

시몬 베드로가 서서 불을 쬐더니 사람들이 묻되 너도 그 제자 중 하나가 아니냐 베드로 가 부인하여 이르되 나는 아니라 (요한복음 18:25)

소망을 이루는 것은
결심이 아니라
행함입니다
그리고
그 행함의 힘은
몸에서 솟는 것이 아니라
하늘에서 주어지는 것입니다
그러므로
사람끼리의 약속은
지킬 수 없음에서 시작되는 환상일 뿐입니다

사람이 마음으로 자기의 길을 계획할지라도
그의 걸음을 인도하시는 이는 여호와시니라 (잠 16:9)

말로 묻지 마라

어찌하여 내게 묻느냐 내가 무슨 말을 하였는지 들은 자들에게 물어 보라 그들이 내가 하던 말을 아느니라 (요한복음 18:21)

세상 사람들아
열매로 드러난 말씀을
묻지 마라
가서 눈으로 보고
가슴으로 깨달으라
제자들아
말씀을 설명하지 마라
네 삶의 열매로 증거하라
하나님의 말씀은
배워 이해하는 글이 아니라
삶을 바꾸는 힘이니라

권세를 가진 약자

빌라도가 이르되 내게 말하지 아니하느냐 내가 너를 놓을 권한도 있고 십자가에 못 박을 권한도 있는 줄 알지 못하느냐 (요한복음 19:10)

빌라도는 로마제국의 총독입니다
한때
정의롭게 통치하려고 했던 사람입니다
그래서 예수님을 재판하며 고민합니다
잠시
용기를 가지고 사람들에게
예수는 무죄라고 소리치기도 했습니다
그러나 빌라도는
사람에게 끌려 다니는
권세를 가진 약자였습니다
결국
빌라도는 예수를 십자가에 못 박으라고 내어줍니다
그리고 빌라도는
그때부터 영원까지 힘없는 권력자가 되었습니다

뒤집기

빌라도가 패를 써서 십자가 위에 붙이니 나사렛 예수 유대인의 왕이라 기록되었더라
(요한복음 19:19)

우리 하나님은 뒤집기의 명수입니다
처음은 사람의 계획대로 되는 듯 싶어도
결국엔 하나님의 뜻대로 됩니다
유대인들은 예수를 나무에 매달아
하나님께 저주받은 자로 만들려 했지만
하나님은 그 십자가 위에
유대인의 왕이라는 팻말을 붙이십니다
유대인들은 골고다(해골)라는 곳에
죽음의 십자가를 세웠지만
예수님은 바로 그곳에서
영원한 생명으로 부활하십니다
이렇듯 하나님은
사람의 계획을 뒤집어 자신의 뜻을 이루십니다
신앙인의 소망은
자신의 꿈에서 비롯되는 것이 아니라,
하나님의 사랑에서 시작됩니다
그래서 믿음은
역전을 확신하는 삶의 자신감입니다

부활의 증인

막달라 마리아가 가서 제자들에게 내가 주를 보았다 하고 또 주께서 자기에게 이렇게
말씀하셨다 이르니라 (요한복음 20:18)

감사에서 비롯된 믿음은
섬김으로 훈련받아
세상을 이기는 용기를 얻기까지 성장합니다
그리고 그렇게
용기로 무장한 믿음이
부활의 증인을 만듭니다
그러나
감사를 잃어버린 믿음은
교만으로 자신의 영혼을 더럽히며
탐욕의 꽁무니를 쫓아다닐 뿐입니다
결국 이들의
쌓인 불평과 원망이 악취를 뿜을 때
뼈아픈 후회와 함께 썩을 뿐입니다

나도 너희를 보내노라

사람이 사람을 이해함은
자비를 베풂이 아니라
자신을 제대로 아는 것입니다

사람이 사람을 용서함은
공을 세움이 아니라
제 살 길을 비로소 찾음입니다

예수가 나를 보내심은
타고난 재주가 있음이 아니라
본래 내 길로 되돌려 놓으시려는 회복입니다

와서 조반을 먹으라

예수께서 이르시되 와서 조반을 먹으라 하시니 제자들이 주님이신 줄 아는 고로 당신
이 누구냐 감히 묻는 자가 없더라 (요한복음 21:12)

밥은 몸입니다
'와서 조반을 먹으라' 하심은
그 몸을 격려하심입니다
밥은 삶입니다
'와서 조반을 먹으라' 하심은
그 삶을 인정하심입니다
밥상으로의 부름은
이해와 용서를 위한 부름입니다
'와서 조반을 먹으라' 하심은
제자들의 나약함과 배신을
이해하심이며
용서하심입니다
'와서 조반을 먹으라'는 음성이 들리거든
무조건 달려가서
먹고 볼 일입니다
그래야 가족입니다

핑계

그들이 조반 먹은 후에 예수께서 시몬 베드로에게 이르시되 요한의 아들 시몬아
네가 이 사람들보다 나를 더 사랑하느냐 하시니 이르되 주님 그러하나이다 내가 주님
을 사랑하는 줄 주님께서 아시나이다 이르시되 내 어린 양을 먹이라 (요한복음 21:15)

사랑입니다
예수님이 원하시는 것은 오직
사랑뿐입니다
배신과 나약함과 무능력과 게으름을
사랑으로 용서하시며
오직 사랑만을 요구하십니다
그러므로
핑계입니다
그때 그럴 수밖에 없었다는 온갖 이유는
예수님을 사랑하지 못한
구차한 핑계일 뿐입니다

재물의 전부를 원하지 않습니다

진실의 전부를 원하십니다

사도행전

떠나지 말고 기다리라

사도와 함께 모이사 그들에게 분부하여 이르시되 예루살렘을 떠나지 말고 내게서 들은
바 아버지께서 약속하신 것을 기다리라 (사도행전 1:4)

사람들은 제 것보다 남의 것을 더 부러워합니다
내 형편이 너만 했다면
내 부모가 네 부모만 했다면
내게도 너 같은 기회가 있었더라면
나도 이렇지 않았을 거라 말합니다
그리고 자꾸
나를 떠나 남에게로 갑니다
그러나 예수님은
예루살렘을 떠나지 말라고 하십니다
네가 서 있는 바로 그곳을
버리고 싶고
떠나고 싶고
숨기고 싶지만
그곳이 너의 예루살렘이니
그곳에서 성령으로 세례를 받고
그곳에서 예수님의 약속을 기다리라 하십니다

묻지 말라

이르시되 때와 시기는 아버지께서 자기의 권한에 두셨으니 너희가 알 바 아니요 오직 성령이 너희에게 임하시면 너희가 권능을 받고 예루살렘과 온 유대와 사마리아와 땅 끝까지 이르러 내 증인이 되리라 하시니라 (사도행전 1:7~8)

우린 힘겨울 때마다 하늘을 쳐다봅니다
그리고
언제 다시 오시느냐고 묻습니다
그러나
예수님은 묻지 말라고 하십니다
그 물음은
기도가 아니라
한숨이라 하십니다
그 물음은
알아야 할 하늘의 지식을 원함이 아니라
몰라야 될 것을 캐묻는 사탄의 유혹이라 하십니다
오직 성령을 받고 능력을 행하며
도망치고 싶은 예루살렘에서
모두가 싫어하는 사마리아에서
유대의 모든 사람에게 증인 되라 하십니다
그렇습니다
성령은 도망치는 기술이 아니라
이겨내는 힘입니다

그들은 변했습니다

제자들이 감람원이라 하는 산으로부터 예루살렘에 돌아오니 이 산은 예루살렘에서
가까워 안식일에 가기 알맞은 길이라 (사도행전 1:12)

제자들이 감람산을 내려옵니다
예수님을 죽인 사람의 눈이 번뜩이는 예루살렘으로
불안과 두려움의 발걸음을 내딛습니다
그러나 그들은
다시 오마 하신 예수님의 약속을 믿었습니다
땅 끝까지 증인 되라는 명령을 목숨처럼 소중히 여겼습니다
그 믿음과 순종이 용기가 되어
예루살렘을 향한 발걸음을 재촉합니다
그리고 제자들은 예루살렘에서
숨지 않았습니다
도망치지 않았습니다
수군거리지 않았습니다
기도했을 뿐입니다
마음을 같이 하여 기도에 힘을 썼습니다
그 후 그들은 변했습니다
변절자가 증인으로
도망자가 순교자로
무리에서 제자로 변합니다

내 안에 사시는 하나님

마치 불의 혀처럼 갈라지는 것들이 그들에게 보여 각 사람 위에 하나씩 임하여 있더니
그들이 다 성령의 충만함을 받고 성령이 말하게 하심을 따라 다른 언어들로 말하기를
시작하니라 (사도행전 2:3~4)

하늘 문이 열렸습니다
성령님이 오셨습니다
기도하던 사람마다 그분을 만났습니다
그들의 입에서 각기 다른 나라의 말이 쏟아졌습니다
말하는 이도
듣는 이도 놀랐습니다
어떤 이는 새 술에 취하였다며 조롱합니다
그러나 이것은
하나님 나라의 시작이었습니다
내가 너를 안다 하시는
하나님의 승인이었습니다
이제부터 나와 함께 살자 하시는
하나님의 초청이었습니다
그러므로 성령님은
내 안에 사시는 하나님이십니다

하나님이 허락하신 성령

하나님이 말씀하시기를 말세에 내가 내 영을 모든 육체에 부어 주리니 너희의 자녀들은 예언할 것이요 너희의 젊은이들은 환상을 보고 너희의 늙은이들은 꿈을 꾸리라 (사도행전 2:17)

술 취했다 조롱하는 이들을 향해
베드로가 일어나서 말합니다
우리는 술에 취한 것이 아닙니다
이 일은 하나님이 계획하신 일입니다
그렇습니다
성령이 오심은
내가 하나님의 계획 안으로 들어감입니다
성령의 은사 주심은
내 손이 하나님의 도구됨입니다
그렇습니다
마지막 때에는 누구든지
하나님의 영을 받아 예언하고 꿈을 꿉니다
하나님이 허락하신 일입니다
이젠
촛불을 켜서 태양을 찾지 않아도 됩니다
내 속에 계신 하나님을 두리번거리며 더듬지 않아도 됩니다
하나님의 영으로 하나님을 직접 만날 수 있습니다

이젠 우리가 외쳐야 합니다

이스라엘 사람들아 이 말을 들으라 너희도 아는 바와 같이 하나님께서 나사렛 예수
로 큰 권능과 기사와 표적을 너희 가운데서 베푸사 너희 앞에서 그를 증언하셨느니라
(사도행전 2:22)

나사렛 예수가 그리스도이십니다
베드로의 이 말은 목숨을 건 증언입니다
예수의 고난은 하나님의 계획입니다
베드로의 이 말은 제사장들을 향한 선전포고입니다
하나님은 예수님을 다시 살리셨습니다
베드로의 이 말은 예수의 승리의 선포입니다
성령의 은사는 하나님이 주셨습니다
베드로의 이 말은 계속될 사역을 선언한 것입니다
이제는 우리가 베드로처럼
세상을 향해 외쳐야 합니다
예수 그리스도는 살아 계시다
성령의 사역은 계속될 것이다
그리고 우리도 베드로처럼
이 외침에 생명을 걸어야 합니다
이것이 신앙입니다
이것이 믿음입니다

우리가 어떻게 하면 좋겠습니까

그들이 이 말을 듣고 마음에 찔려 베드로와 다른 사도들에게 물어 이르되 형제들아
우리가 어찌할꼬 하거늘 (사도행전 2:37)

우리가 어떻게 하면 좋겠습니까
이 물음은 여전히
표적을 보고도 믿지 않고
아직도
예정된 고난을 외면하는
지금도 때때로
예수를 십자가에 못 박으라고 소리치는 무리 속에
섞여 머뭇거리는 우리가
찔림에 못 견디며 물어야 할 물음입니다
이젠
하나님이 친히 표적으로 증명하신 예수께
하나님이 다시 살린 예수께
하나님의 우편에 앉아 계신 심판자 예수께
아픈 마음으로 물어야 합니다
우리가 어떻게 하면 좋겠습니까
그 물음이 우리를 성도가 되게 합니다

그는 거지가 아닙니다

그가 베드로와 요한이 성전에 들어가려 함을 보고 구걸하거늘 (사도행전 3:3)

성전 문 앞에 앉은 앉은뱅이는
동전을 구걸합니다
예수님을 소개하는 사도들에게
하늘의 능력을 보이며
수천의 영혼을 매일처럼 구원하는 사도들에게
그는 단지 동전 몇 닢을 구걸합니다
스스로 거지의 자리에 앉았기 때문입니다
그를 매일 업어 성전 문 앞에 두는 그의 친구들도
그를 거지로 만들었습니다

그러나 베드로와 요한은 그에게
동전을 주지 않았습니다
그가 거지로 보이지 않았기 때문입니다
예수님의 이름으로 그의 오른손을 잡았습니다
하나님이 택하신 사람으로 보였기 때문입니다
그의 발과 발목에 힘이 생겨 걸으며 뛰며 찬양합니다
이제 그는 거지가 아닙니다
아니 처음부터 그는 거지가 아니었습니다
세상이 그를 거지로 만들었을 뿐입니다

베드로가 이것을 보고
백성에게 말하되
이스라엘 사람들아
이 일을 왜 놀랍게 여기느냐
우리 개인의 권능과 경건으로
이 사람을 걷게 한 것처럼
왜 우리를 주목하느냐
사도행전 3 : 12

이 말 한마디가

귀신을 쫓아내고, 병자를 고칠 때마다
사람들은 신기한 듯 존경스러운 듯
사도들 주변으로 몰려들었습니다
그때마다 사도들은 손을 휘젓습니다
우리가 한 일이 아닙니다
하나님이 하신 일입니다
예수님조차도 이렇게 말씀하십니다
네 믿음이 너를 낫게 하였다
가서 하나님이 너에게 하신 일을 전하라
바로 이 말 한마디가
오늘의 교회를 만들었습니다
이제 세상에 보여 주어야 할 성도의 참 모습도
후손에게 물려주어야 할 교회의 참 모습도
우리가 한 일이 아닙니다
하나님이 하신 일입니다라는
신앙고백 속에 담겨 있습니다

사도들의 전통

형제들아 너희가 알지 못하여서 그리하였으며 너희 관리들도 그리한 줄 아노라
(사도행전 3:17)

만약 예수님이 복수하라 하셨다면
부활하신 예수님이
제사장을 찾아가 호통을 치셨다면
승천하시며
로마 군인들을 사시나무 떨듯 떨게 하셨다면
성령 받아 기적을 행하던 제자들도 그리했을 것입니다

제자들을 따르던 수천 명의 신자들에게
제사장 바리새인들을 잡아 죽이라 명령했을 것입니다
그러나 베드로는
형제들아 너희가 알지 못하여 그리하였다며 용서합니다
원수를 사랑하라 하신 예수님 말씀대로
너희가 회개하고 죄를 용서받아 평안함을 얻으라고 합니다
이것이 바로 사도들의 전통입니다
우리 신앙인들이 지켜야 할 당연한 의무입니다
오늘 나는
내 자존심을 상하게 한 이웃을,
내게 손해를 끼친 형제를 용서하고 있습니까

지금도 여전히 같은 이유로

그들을 불러 경고하여 도무지 예수의 이름으로 말하지도 말고 가르치지도 말라 하니
(사도행전 4:18)

예수님의 이름으로 능력이 나타나고
복음이 전파되는 것을 싫어하는 사람이 있습니다
예수님이 싫어서가 아니라
자기의 이익이 줄어들기 때문입니다
그러나
목숨을 걸고 복음을 전하고
예수님의 이름으로 능력을 행하는 사람이 있습니다
자신들의 이익을 위해서가 아니라,
오직 예수님의 이름과 하나님의 영광을 위해서였습니다
먼 훗날
한 사람은 망했고
또 한 사람은 흥했습니다
지금도 여전히 같은 이유로
망하고 흥하는 사람들이 있습니다

사도의 기도

고난이라도
그것이 하나님의 뜻이었음을 고백하며 찬양하고
시방의 사정을
정직하게 털어놓아 도우심을 구하며
어떤 경우에라도
담대하게 하나님의 말씀을 전할 수 있도록
예수님의 이름으로 능력 행하기를 소망한 것이
사도들의 기도였습니다
조급하게 부르짖거나
꾀를 써서 흥정하거나
억울하다 항의하거나
아름답게 포장하거나
교묘한 말로 위장하거나
주저앉아 포기하는
기도는 아니었습니다

예물의 전부

하나님은
재물의 전부를 원하지 않습니다
단지
진실의 전부를 원하십니다
아나니아와 삽비라가 감춘 것은
땅을 판 돈의 일부가 아니라
진실의 전부였습니다
하나님은
모든 것이
당신의 것이라는 신앙고백과
그것에서 비롯된 진실된 삶을 기뻐하십니다
이것이
하나님이 원하시는 예물의
전부입니다

사도가 되는 방법

사도들을 잡아다가 옥에 가두었더니 주의 사자가 밤에 옥문을 열고 끌어내어 이르되
가서 성전에 서서 이 생명의 말씀을 다 백성에게 말하라 하매 (사도행전 5:18~20)

존경과 칭찬에 익숙해진 사람은
사람됨을 벗어납니다
고난과 비난에 찌든 사람은
사람됨을 포기합니다
그래서 하나님은
존경과 핍박 사이를
행복과 불행의 사이를
오가게 하심으로써
사람을 만드십니다
제자들도
백성들의 칭송과
제사장의 감옥을 오가며
생명의 말씀만 전하는
사도가 됩니다

내버려 둡시다

이제 내가 너희에게 말하노니 이 사람들을 상관하지 말고 버려 두라 이 사상과 이 소행이 사람으로부터 났으면 무너질 것이요 만일 하나님께로부터 났으면 너희가 그들을 무너뜨릴 수 없겠고 도리어 하나님을 대적하는 자가 될까 하노라 (사도행전 5:38~39)

그냥 내버려 두는 것이 지혜입니다
사람의 일은 사람의 일로
하나님의 일은 하나님의 일로
드러나게 마련입니다
하지만
사람들은 내버려 두질 못합니다
하나님의 일까지 제멋대로 판단하려 합니다
그러다가
번번이 실패하는데도 말입니다
이젠 내버려 둡시다
사람의 일은 사람의 일로
하나님의 일은 하나님의 일로
드러날 때까지
가장 좋은 물길은
시간을 타고 가는 물이 만듭니다

동전의 양면

형제들아 너희 가운데서 성령과 지혜가 충만하여 칭찬 받는 사람 일곱을 택하라 우리
가 이 일을 그들에게 맡기고 우리는 오로지 기도하는 일과 말씀 사역에 힘쓰리라 하
니 (사도행전 6:3~4)

사도와 집사는
동전의 양면과 같아서
둘 중 어느 것
하나만 있어서는 안 됩니다
사도가 선포한 하나님의 말씀이
집사의 삶에서 완성되기 때문입니다
한 마디의 말씀을 위해
백 가지의 수고가 필요합니다
사도의 말씀 선포와
집사의 섬김으로 어우러진 교회가
말씀이 왕성한 교회입니다
사도가 구약의 선지자라면
집사는 신약의 예수입니다

스데반

스데반이 은혜와 권능이 충만하여 큰 기사와 표적을 민간에 행하니 (사도행전 6:8)

사람들은
천사의 하얀 손
신비한 주문 같은 방언
신통한 예언
황홀한 환상을
찾기 위해
골방이나
기도원이나
은사자를 찾으려 합니다
그러나
집사 스데반에게서
큰 기사와 표적이 나타납니다
사랑하는 일
구제하는 일
봉사하는 일을 맡기기 위해 뽑은
집사에게서 말입니다

나 때문이다

너희 조상들이 선지자들 중의 누구를 박해하지 아니하였느냐 (사도행전 7:52)

사람마다
못 살겠다 아우성치며 손가락질이다
너 때문에
정치 때문에
물가 때문에
하지만
사람의 속을 드러내는 성경에는
이렇게 써 있다
아니 너 때문이야
입으로는 조상들을 흉보며
조상들이 죽인 선지자를 의롭다 칭송하지만
몸으로는 오늘도 예수를 죽이고 있잖니
그래
입으로 흉보며
몸으로는 배우는
나 때문이다

알 수 없습니다

사울은 그가 죽임 당함을 마땅히 여기더라 그 날에 예루살렘에 있는 교회에 큰 박해
가 있어 사도 외에는 다 유대와 사마리아 모든 땅으로 흩어지니라 (사도행전 8:1)

알 수 없습니다
어떤 때는 알 것 같다가도
또 어떤 때는 도무지 모르겠습니다
어떤 때는 내 가까이에 계신 것 같다가도
또 어떤 때는 안 계신 것 같기도 합니다
안다고 자신만만한 사람들이
부럽습니다
내겐 이런 분이었다고
자랑하는 이들이 우러러 보입니다
정말 모르겠습니다
하지만
하나님의 살아 계심은 믿습니다
결국엔 하나님의 뜻대로 됨을 믿습니다
그래서
하나님의 뜻대로 되기만을 바랄 뿐입니다

돈의 힘

베드로가 이르되 네가 하나님의 선물을 돈 주고 살 줄로 생각하였으니 네 은과 네가
함께 망할지어다 (사도행전 8:20)

언제부턴가
돈만 있으면
밥도 옷도 집도 명예도 친구도
심지어는
성공도 살 수 있다고 믿게 되었습니다
그래서
사람들은 열심히 돈만 벌었습니다
기름진 밥 화려한 옷 궁궐 같은 집을 샀습니다
아첨하는 친구도
포장된 인생도 샀습니다
그래서
돈이 점점 더 많이 필요합니다
사람들은 점점 더 많이 바빠집니다
돈을 얻기가 점점 더 어려워집니다
사람들은 점점 더 사악해집니다
이젠
돈 버는 시간이 모자라 돈을 쓸 시간이 없습니다
돈이 행복을 누릴 시간을 빼앗았습니다

만남

주의 사자가 빌립에게 말하여 이르되 일어나서 남쪽으로 향하여 예루살렘에서 가사로
내려가는 길까지 가라 하니 그 길은 광야라 (사도행전 8:26)

저기 저 사람
옷깃으로 스치고
여기 이 사람
눈길로 스쳐
돌아서면 타인(他人)
아뿔싸
우연에 묻힌 계획이
얼마고
무관심에 밀려버린 만남이
또 얼마일까
아름다워라
빌립과 내시와의 만남

예비된 만남

사울이 길을 가다가 다메섹에 가까이 이르더니 홀연히 하늘로부터 빛이 그를 둘러 비추는지라 땅에 엎드러져 들으매 소리가 있어 이르시되 사울아 사울아 네가 어찌하여 나를 박해하느냐 하시거늘 대답하되 주여 누구시니이까 이르시되 나는 네가 박해하는 예수라 (사도행전 9:3~5)

다메섹으로 가는 길엔
만남이 있었습니다
매 맞는 이가
때리는 이를 위해
조롱당하던 이가
조롱하는 이를 위해
예비한 만남이 있었습니다
예수님이 사울을 위해 예비하신 만남입니다
죄지은 이를 불러 용서하시고
자녀로 맞아 주시는 아버지의 만남입니다

사울처럼

예수님과의 만남
그것은 가장 큰 축복입니다
당연히 감사해야 할 일입니다
감격해야 할 일입니다
마땅히 그 만남에 대해
그리고 그 만남을 시작으로 이어질
또 다른 만남에 대한
기대가 있어야 합니다
그래서 예수님을 만난 후에는
기도하고 있어야 합니다
사울처럼 말입니다
그러면
예수님의 그릇이 됩니다
예수님의 살아 계심과
하나님의 뜻과
성령의 능력을 담아 전하는
보배로운 그릇이 됩니다
사울처럼 말입니다

일어나 직가라 하는 거리로
가서 유다의 집에서
다소 사람 사울이라 하는
사람을 찾으라
그가 기도하는 중이니라
사도행전 9 : 11

사람 때문입니다

그리하여 온 유대와 갈릴리와 사마리아 교회가 평안하여 든든히 서 가고 주를 경외함
과 성령의 위로로 진행하여 수가 더 많아지니라 (사도행전 9:31)

쫓겨난 성도들
빼앗긴 성도들이 모인
초대교회가
평안하여 든든히 섰고
주를 사랑하는 마음으로 가득하였습니다
사람 때문입니다
하나님을 만난 사람들
성령으로 거듭난 사람들
예수님 말씀으로
자신을 변화시킨 사람들 때문입니다

지식이 많은 성도들
거액의 헌금을 하는 성도들
신비한 은사를 경험한 성도들이 모인
오늘의 교회가 흔들리고
서로 미워하고 비난하는 소리로 가득합니다
역시 사람 때문입니다
제 욕심에
제 자존심에
제 고집에 갇혀 있는
사람 때문입니다

불결한 것은

또 두 번째 소리가 있으되 하나님께서 깨끗하게 하신 것을 네가 속되다 하지 말라
하더라 (사도행전 10:15)

정말 더럽고 불결한 것
그것은 몸을 더럽히는
오물이 아니라
마음과 영혼을 더럽히는 교만입니다
잘한다
멋지다
입에 발린 칭찬으로
잔뜩 부푼 허세는
영혼을 병들게 합니다
박수에 길들여진 교만은
몸을 더럽게 합니다
정말로 깨끗해지는 것은
교만과 허세를 벗고
하나님의 말씀을
벗은 마음으로 듣고 순종하는 일입니다

편견을 버리라

또 두 번째 소리가 있으되 하나님께서 깨끗하게 하신 것을 네가 속되다 하지 말라 하더라 (사도행전 10:15)

내 생각과 다른 생각들이
더 많습니다
내 방법과 다른 방법들이
더 많습니다
그 많은 생각과 방법 중에 더 지혜로운 것들이
더 많습니다
때문에 편견은
더 큰 배움을 가로막는 무지입니다
편견 때문에 당하는 손해를 손해로 깨닫게 하지 못하는
어리석음입니다
편견은 지식을 가장한 교만입니다
그래서 하나님은
편견을 버리라고 하십니다

지금부터 한자리에

베드로가 일으켜 이르되 일어서라 나도 사람이라 (사도행전 10:26)

사람은 사람과 함께 있어야 행복합니다
사람이 사람으로 보여야 소중해집니다
사람이 사람의 손을 잡아야 따뜻합니다
사람 사이의 담벼락은
나는 너와 다르다는 생각에서부터 쌓입니다
그깟 달라 보이는
재물 지위 학력 외모 교양 IQ 권력 명예…
다 별것 아닙니다
다 배고프면 밥 먹어야 하고
다 시간 지나면 늙고
다 하나님이 부르시면 가야 합니다
세상 끝 날엔
다 한자리에 서야 합니다
그렇다면
지금부터 한자리에 있어야 합니다

부끄러운 믿음

베드로가 예루살렘에 올라갔을 때에 할례자들이 비난하여 이르되 네가 무할례자의
집에 들어가 함께 먹었다 하니 (사도행전 11:2~3)

아이들이 묻는다
아빠 딸이 좋아 아들이 좋아
아들은 아들이기에
딸은 딸이기에 서로 자신만만하다
딸은 딸이라 좋고
아들은 아들이라 좋지
그런 대답 말고 하나만 골라요
하지만 그런 대답밖에는 할 수 없어
둘 다 내 자식이니까
에이 시시해
아들과 딸은 재미없다는 듯 돌아앉는다
하나님 저 사람하고 저하고 누굴 더 사랑하시죠
너도 좋고 저 사람도 좋아
다 내 자식이거든
에이 시시해
정말 시시한건
편견과 이기로 가득 찬 우리의
부끄러운 믿음이다

벌레도 참을 수 없었다

헤롯이 날을 택하여 왕복을 입고 단상에 앉아 백성에게 연설하니 백성들이 크게 부르되 이것은 신의 소리요 사람의 소리가 아니라 하거늘 헤롯이 영광을 하나님께로 돌리지 아니하므로 주의 사자가 곧 치니 벌레에게 먹혀 죽으니라 (사도행전 12:21~23)

사람을 얻으려고 하나님을 버린 사람
친구를 얻기 위해 적을 만든 사람
하나님이 하신 일을 보고도 깨닫지 못한 사람
그것도 모자라
하나님의 자리에 올라앉아 거드름을 피운 사람
결국엔
벌레에 먹혀 죽다
벌레도
참을 수 없었나보다

한 몸

주를 섬겨 금식할 때에 성령이 이르시되 내가 불러 시키는 일을 위하여 바나바와 사울을 따로 세우라 하시니 이에 금식하며 기도하고 두 사람에게 안수하여 보내니라
(사도행전 13:2∼3)

하나님의 명령에 따라
떠나는 사도의 발은
아름답습니다
그러나
떠나는 사람을 위해
금식하며 기도하는
중보기도자들의 손은
더욱 아름답습니다
이들의 손과 발이
한 몸 될 때
그 몸은 곧 예수입니다

너무 쉽습니다

이르되 모든 거짓과 악행이 가득한 자요 마귀의 자식이요 모든 의의 원수여 주의 바른
길을 굽게 하기를 그치지 아니하겠느냐 보라 이제 주의 손이 네 위에 있으니 네가 맹인
이 되어 얼마 동안 해를 보지 못하리라 (사도행전 13:10~11)

하나님의 일을 방해하는 죄
예수님을 부인하는 죄
성령을 훼방하는 죄
모두
하나님의 영원한 저주를 받습니다

하지만
이런 죄를 짓기는 너무 쉽습니다
오늘은 바쁘니 다음에 가세
오늘은 피곤하니 다음에 하세
부활 천국 영혼
눈으로 보았는가

복음이 전해지는 것을 방해하는
모든 말과 행동은
결코 용서받지 못합니다

설교

개그맨의 우스갯말은
한번 웃으면 그만
가수의 슬픈 노래는
가슴 한번 찡하면 그만
훌륭한 웅변가의 웅변은
두 주먹 불끈 쥐었다가 놓으면 그만
유명한 철학가의 강의는
고개 몇 번 끄덕이면 그만
목사의 설교는
…
비록 더듬어도
자꾸 듣고
또 듣고 들어서
삶이 돼야지

언제나 그랬습니다

그 시내의 무리가 나뉘어 유대인을 따르는 자도 있고 두 사도를 따르는 자도 있는지라
(사도행전 14:4)

언제나 그랬습니다
진리를 좇는 사람들이 있는가 하면
진리를 핍박하는 사람들이 있었습니다
무서운 것은
진리를 핍박하는 자들도
자신들의 행위가 진리라고 믿는 것입니다

진리와 진리가 아닌 것을
선택하는 일은
아담과 이브가
선악과 앞에서 망설이던 때부터 지금까지
계속 됩니다

언제나 그랬습니다
진리는 하나님이 친히 증명하시고
진리를 핍박하는 사람들은
세상이 증명해 주었습니다
그래서 항상 진리 아닌 것이 진리처럼 보였습니다

복음은

이르되 여러분이여 어찌하여 이러한 일을 하느냐 우리도 여러분과 같은 성정을 가진 사람이라 여러분에게 복음을 전하는 것은 이런 헛된 일을 버리고 천지와 바다와 그 가운데 만물을 지으시고 살아 계신 하나님께로 돌아오게 함이라 (사도행전 14:15)

복음은
하나님을 하나님 되게 하고
사람을 사람 되게 합니다
예배의 대상은 오직 하나님뿐이며
찬양의 대상은 오직 예수님뿐이며
능력의 원천은 오직 성령뿐임을 알게 합니다
오직 사람은
서로를 위해 주어진 선물이며
서로의 만남으로 비로소 나를 찾는
반쪽짜리 사람임을 알게 하는 것도 복음입니다
복음은
하나님을 하나님 되게 하고
사람을 사람 되게 합니다

율법의 법 정신

예수님을 만난 제자들에게
율법은 멍에였습니다
율법 속에 담겨진
하나님의 의도를 깨닫지 못한
율법의 법 조항은
분명 멍에입니다
이젠
멍에를 벗어야만 합니다
하지만
하나님의 은혜와 사랑을 깨닫게 하고
제 몸 비춰 죄인됨을 깨닫게 하여
우리의 영혼을 예수께로 인도하는
율법의 법 정신은
기억해야 합니다

함께 가는 한 몸

어떤 사람들이 유대로부터 내려와서 형제들을 가르치되 너희가 모세의 법대로 할례를
받지 아니하면 능히 구원을 받지 못하리라 (사도행전 15:1)

너는 나가 아니고
나도 네가 아니라 하며
서로 다름을 합리화시키고
다투고 헤어짐을 변명합니다
그러나
너와 나를 위해 자신을 온전히 버려
우리를 한 지체로 만드신 분이 계십니다
그분의 큰 사랑 안에서
서로의 다름을 비교하는 것이
쓸데없는 자존심의 키 재기에 불과하며
다투고 헤어짐이
내게 큰 실패임이 드러납니다
그분의 사랑 안에서
감사하는 성도만이
너와 내가 다르지 않으며
한 길을 함께 가야 할 한 몸임을 깨닫습니다

167

짐입니까 몸입니까

성령과 우리는 이 요긴한 것들 외에는 아무 짐도 너희에게 지우지 아니하는 것이 옳은
줄 알았노니 (사도행전 15:28)

예수님을 짐으로 지고 사는 사람은
양심을 찔러 아프게 하고
어깨를 눌러 힘들게 하고
앞을 가려 못 보게 합니다
그래서 그들은
그 짐을 벗어던지고 도망가려 합니다
그러나
예수님의 말씀을 먹어 몸이 된 사람은
예수님의 마음으로 사람을 사랑하며
예수님의 눈으로 세상을 보며
예수님의 손으로 사람을 섬깁니다
그래서 그들은
자신의 몸 되신 예수님 때문에 행복합니다
예수님은 지금 당신의
짐입니까
몸입니까

자유이용권

디모데는 루스드라와 이고니온에 있는 형제들에게 칭찬 받는 자니 바울이 그를 데리고 떠나고자 할새 그 지역에 있는 유대인으로 말미암아 그를 데려다가 할례를 행하니 이는 그 사람들이 그의 아버지는 헬라인인 줄 다 앎이러라 (사도행전 16:2~3)

할 수 있음 앞에서
갈 수 있음 앞에서
먹을 수 있음 앞에서
하나님과
이웃을 생각하고
즐겁게 돌아서는 것이
자유입니다
그리고
그렇게 포기한 자유는
천국을 누리는
자유이용권입니다

강권하는 만남

두아디라 시에 있는 자색 옷감 장사로서 하나님을 섬기는 루디아라 하는 한 여자가 말을 듣고 있을 때 주께서 그 마음을 열어 바울의 말을 따르게 하신지라 그와 그 집이 다 세례를 받고 우리에게 청하여 이르되 만일 나를 주 믿는 자로 알거든 내 집에 들어와 유하라 하고 강권하여 머물게 하니라 (사도행전 16:14~15)

내겐 기회가 없었고
남들이 얻은 행운이 없었다며
성공한 이들의 기회를 부러워하는
사람들이 있습니다
타고난 불행으로
자신의 실패를 변명하려는
사람들이 있습니다
하나님이 허락하지 않은 재능으로
자신의 초라함을 설명하는 사람들이 있습니다
아닙니다
성공의 기회를 싣고 찾아온
예비된 만남을
온몸으로 붙잡지 않았을 뿐입니다

콜라와 냉수

간수가 등불을 달라고 하며 뛰어 들어가 무서워 떨며 바울과 실라 앞에 엎드리고 그
들을 데리고 나가 이르되 선생들이여 내가 어떻게 하여야 구원을 받으리이까 하거늘
(사도행전 16:29~30)

예수를 선택하는 것은
패스트푸드 대신 어머니의 밥을 선택하는 것입니다
예수를 선택하는 것은
콜라 대신 냉수를 선택하는 것입니다
이렇게
잘 알고 있음에도
번번이 잘못 선택하는 것은
화학조미료에 길들여진 혀처럼
우리의 눈과 귀와 입도
이미
욕심과 고집에 길들어 있기 때문입니다

참새가 짹짹

바울이 자기의 관례대로 그들에게로 들어가서 세 안식일에 성경을 가지고 강론하며
(사도행전 17:2)

사명 앞에서 머뭇거리지 맙시다
가야 할 내 길입니다
사명 앞에서 불평하지 맙시다
더 힘겨울 뿐입니다
사명 앞에서 손익계산하지 맙시다
계산은 이미 하나님이 하셨습니다
참새가 짹짹거리고
강아지가 멍멍거리듯
그렇게
사명을 사는 것이 삶입니다

왜 내가 말해야 하니

바울이 아덴에서 그들을 기다리다가 그 성에 우상이 가득한 것을 보고 마음에 격분하여 회당에서는 유대인과 경건한 사람들과 또 장터에서는 날마다 만나는 사람들과 변론하니 (사도행전 17:16~17)

누가 내게 돌을 던졌다
누가 내 것을 빼앗았다
우…
분하다
참을 수 없다

누가 하나님께 돌을 던졌다
누가 죄를 짓는다
…
왜
꼭 내가 말해야 하니

모르지만 고백합니다

두려워하지 말며 침묵하지 말고 말하라 내가 너와 함께 있으매 어떤 사람도 너를 대적
하여 해롭게 할 자가 없을 것이니 이는 이 성중에 내 백성이 많음이라
(사도행전 18:9~10)

뒤에 있어 모르고
눈을 감아 모르고
깨닫지 못해 모르지만
부인할 수는 없습니다
내 안에 계신
당신의 숨결을
고백하지 않을 수 없습니다
내 길을 인도하신
당신의 손길을
찬양하지 않을 수 없습니다
내 삶에 드러난
당신의 흔적을

성경을 들고도

에베소에 와서 그들을 거기 머물게 하고 자기는 회당에 들어가서 유대인들과 변론하니 여러 사람이 더 오래 있기를 청하되 허락하지 아니하고 (사도행전 18:19~20)

너무 오랜만에 찾은 고향
살던 집도
뛰놀던 골목도
옛 친구도
도무지 알아볼 수 없습니다
이젠 길을 물어야 합니다
지금 내가
되돌아가야 할 하나님의 품에서
너무 오랫동안 그리고
너무 멀리 있습니다
이젠 성경을 들고도
하나님께 가는 길을 물어야 합니다

하나님 때문입니다

하나님이 바울의 손으로 놀라운 능력을 행하게 하시니 심지어 사람들이 바울의 몸에서
손수건이나 앞치마를 가져다가 병든 사람에게 얹으면 그 병이 떠나고 악귀도 나가더라
(사도행전 19:11~12)

태극기가 펄럭입니다
방패연이 하늘에서 곡예를 합니다
수양버들가지가 춤을 춥니다
바람 때문입니다

바울에게서 능력이 나타납니다
심지어 바울의 손수건과 앞치마를 상처에 얹어도
병이 낫습니다
하나님 때문입니다

나의 로마

이 일이 있은 후에 바울이 마게도냐와 아가야를 거쳐 예루살렘에 가기로 작정하여 이르되 내가 거기 갔다가 후에 로마도 보아야 하리라 (사도행전 19:21)

내겐 비전이 있습니다
사람들은 장담할 수 없는 꿈이라 부르지만
내겐 하나님이 주신 사명입니다
어제의 실패도 성공도 밑거름 삼지 말고
내일의 소망에도 마음 두지 말고
오직 오늘
하나님과 더불어
오늘만큼만 가야 도착하는
나의 로마가 있습니다

고난

소요가 그치매 바울은 제자들을 불러 권한 후에 작별하고 떠나 마게도냐로 가니라
(사도행전 20:1)

혹도 내 살이다
떼어 내고 싶고
감추고 싶어도
틀림없는 내 살이다
차라리
화장품을 바르고
옷을 입히자

가벼움 1

그 말을 한즉 바리새인과 사두개인 사이에 다툼이 생겨 무리가 나누어지니
(사도행전 23 : 7)

나도 네 편이라는 말 한마디에
돌로 쳐 죽일 죄인이
사랑받는 친구 되고
사탄이 천사 됩니다
너는 내 편이라는 말 한마디에 속아
빼앗긴 시간들이 얽히고
뒤틀린 열정들이 치고받아
죄인도 만들고 의인도 만듭니다
이편에서 저편으로
내 편에서 네 편으로
옮겨 다니는 군중의 소란함이
왜 그리 가벼운지
그 가벼움에 기댄 내 삶은
또 얼마나 가벼운지

가벼움 2

날이 새매 유대인들이 당을 지어 맹세하되 바울을 죽이기 전에는 먹지도 아니하고
마시지도 아니하겠다 하고 이같이 동맹한 자가 사십여 명이더라 (사도행전 23:12~13)

오늘의 하나님은
답답하다며 발을 동동 구르고
내일의 하나님은
알 수 없다며 불안해하지만
어제의 하나님을 되돌아보면
감사할 것뿐이라 한다
거참
오늘을 살고 내일을 지나
어제가 되었건만
도대체
사람의 가벼움이란

거침없는 거절

바울이 의와 절제와 장차 오는 심판을 강론하니 벨릭스가 두려워하여 대답하되 지금은
가라 내가 틈이 있으면 너를 부르리라 (사도행전 24:25)

하나님은 사람에게
거절하는 자유와 기회를 주셨다
그래서 사람들은
거침없이 거절한다
심판에 대한 두려움도
참 삶의 기회도
사랑의 초청에도
제자리로 돌아오라는 주신 이의 명령에도
이젠 거절이 사람의 권리가 되고
능력이 되었다
그리고 그 능력과 권리가
골고다에 십자가를 세웠다

나와 같이 되기를

바울이 이르되 말이 적으나 많으나 당신뿐만 아니라 오늘 내 말을 듣는 모든 사람도 다 이렇게 결박된 것 외에는 나와 같이 되기를 하나님께 원하나이다 (사도행전 26:29)

이 세상에서 가장 큰 부자는
예수님을 가슴에 품은 사람입니다
이 세상에서 가장 높은 사람은
예수님과 함께 십자가에 달린 사람입니다
이 세상에서 가장 많은 지식을 가진 사람은
예수님을 아는 사람입니다
이 세상에서 가장 자유로운 사람은
예수님과 함께 죄에 대하여 죽은 사람입니다
이 세상에서 가장 크게 성공한 사람은
예수님께 칭찬 듣는 사람입니다
이 세상에서 가장 편안한 쉼을 누리는 사람은
예수님과 함께 부활한 사람입니다
이 예수님이 나를 사랑하십니다
그러므로
나와 같이 되기를 소망하십시오

밥을 먹읍시다

떡을 가져다가 모든 사람 앞에서 하나님께 축사하고 떼어 먹기를 시작하매 그들도 다
안심하고 받아 먹으니 (사도행전 27:35~36)

폭풍이 무서워
손에 든 밥조차
먹지 못하는 사람들 앞에서
두 손 가득히 밥을 들고
하늘을 우러러 하나님께
감사기도 하고
두 볼이 메어지도록 넣은 밥을
꼭꼭 씹어 삼키는 바울
허풍이 아니라 용기이며
체념이 아니라 믿음입니다
바울과 함께
폭풍 속에서 밥을 먹읍시다

'다름'이 옳지 않음은 아닙니다
'다름'은 어울림의 시작입니다

로마서
야고보서
빌립보서

쌩얼

예수 그리스도의 종 바울은 사도로 부르심을 받아 하나님의 복음을 위하여 택정함을
입었으니 (로마서 1:1)

모두
장군감으로 태어나
링컨과 아인슈타인을 강요당하고
이순신을 꿈꾸고
나이팅게일을 흉내 내며
오늘은 이렇게
내일은 또 저렇게 살다가
나이에 철들어
가면도 벗고
흉내도 그만두니
남는 것은
낯선 쌩얼
이제부터라도
쌩얼에 익숙해져야 할 텐데

야! 바다다

이 복음은 하나님이 선지자들을 통하여 그의 아들에 관하여 성경에 미리 약속하신 것
이라 그의 아들에 관하여 말하면 육신으로는 다윗의 혈통에서 나셨고 성결의 영으로는
죽은 자들 가운데서 부활하사 능력으로 하나님의 아들로 선포되셨으니 곧 우리 주 예
수 그리스도시니라 (로마서 1:2~4)

야! 바다다
관광차에서 내린 청년이 바다로 내닫는다
그러고는 이내 돌아온다
왜?
다 봤어
?!?!?! …
하긴
바다에서 물만 본다면
그리 오래 볼 것도 없지
복음이
예수에 관한 소식으로만 아는 것처럼

믿음과 은사

내가 너희 보기를 간절히 원하는 것은 어떤 신령한 은사를 너희에게 나누어 주어 너희를 견고하게 하려 함이니 이는 곧 내가 너희 가운데서 너희와 나의 믿음으로 말미암아 피차 안위함을 얻으려 함이라 (로마서 1:11~12)

믿음이
하나님을 바라보게 하고
은사는
하나님과 더불어 살게 합니다

믿음이
교회를 세우고
은사는
교회가 예수의 몸이 되게 합니다

믿음이
기도하게 하고
은사는
응답의 도구가 되게 합니다

믿음이
집을 만들면
은사는
가정을 만듭니다

채무자의 기쁨

돈을 빌려 갚지 못했습니다
부끄러웠습니다
숨어야 했습니다
맛있는 것 먹었다고
좋은 옷을 입었다고 자랑할 수 없었습니다
무시를 당해도
비굴한 웃음을 웃어야 했습니다
그리고
갚은 후에는 돌아서서 욕했습니다
다시 빌려야 할 때가 오면
비굴한 겸손을 가면으로 써야 합니다

헬라인이나 야만인이나
지혜 있는 자나 어리석은 자에게
다 내가 빚진 자라
로마서 1 : 14

예수님께
사랑의 빚을 졌습니다
매일 그 빚은 늘어만 갑니다
그러나
부끄럽지 않습니다
기쁨을 얻었습니다
자유를 얻었습니다
좋은 친구도 만났습니다
갚으라고 강요하지 않으시지만 갚고 싶습니다
갚을 수 없음을 깨달을 때마다 더욱
겸손한 감사를 드릴 뿐입니다

소가 웃을 일

날이 어두워져도
눈만 감아도
얇은 종이 한 장만 가려도
아무것도
볼 수 없는 사람이
보이지 않으므로
믿지 못하겠다고
고개를 내젓는다
소가 자다가도 벌떡 일어나서
웃을 일이다

율법만 남았습니다

그런즉 자랑할 데가 어디냐 있을 수가 없느니라 무슨 법으로냐 행위로냐 아니라 오직 믿음의 법으로니라 그러므로 사람이 의롭다 하심을 얻는 것은 율법의 행위에 있지 않고 믿음으로 되는 줄 우리가 인정하노라 (로마서 3:27~28)

믿음에서 시작했는데
율법에 머물러 있습니다
처음엔
감사의 눈물 흘리며
예수님만 자랑했었는데
칭찬 몇 번 듣다 보니
어느새 율법 위에 서 있습니다
그래도 예전에는
율법과 믿음 사이를 오가며
갈등도 했었는데
이젠 갈등도 없습니다
율법만 남았습니다

하나님의 자녀

만일 아브라함이 행위로써 의롭다 하심을 받았으면 자랑할 것이 있으려니와 하나님 앞
에서는 없느니라 성경이 무엇을 말하느냐 아브라함이 하나님을 믿으매 그것이 그에게
의로 여겨진 바 되었느니라 (로마서 4:2~3)

교복 입고 학교 가서
출석 부르시는 선생님께
'예'하고 대답하면
모두 학생입니다

포도원에 들어가서
일하다가
주인이 주는 품값을 받으면
모두 일꾼입니다

죄를 고백하고
십자가를 의지하여
하나님을 아버지라 부르면
모두 구원받은 하나님의 자녀입니다

입으로만 고백해도

아브라함이 바랄 수 없는 중에 바라고 믿었으니 이는 네 후손이 이같으리라 하신 말씀대로 많은 민족의 조상이 되게 하심이라 (로마서 4:18)

나는 죄인입니다
하나님이 나를 용서하십니다
나는 죄인입니다
하나님이 나를 용서하십니다
나는 죄인입니다
하나님이 나를 용서하십니다
수없이 고백하고
또 고백하다 보니
이젠
고백이 율법이 되어
언제부턴가
입으로만 고백해도
마음이 시원합니다

얼굴만 후끈거린다

오호라 나는 곤고한 사람이로다 이 사망의 몸에서 누가 나를 건져내랴 우리 주 예수 그
리스도로 말미암아 하나님께 감사하리로다 그런즉 내 자신이 마음으로는 하나님의 법
을 육신으로는 죄의 법을 섬기노라 (로마서 7:24~25)

저만치
놓쳐버린 해를 아쉬워하며
내일을 각오한다
아침이 되어
두 주먹 불끈 쥐어 보지만
한낮의 몸은
왜 그리 탐욕스러운지
또 다시
저물어 가는 석양에
빨갛게 달아오른
얼굴만
후끈거린다

다람쥐에게

육신을 따르는 자는 육신의 일을, 영을 따르는 자는 영의 일을 생각하나니 육신의 생각은 사망이요 영의 생각은 생명과 평안이니라 (로마서 8:5~6)

비우자
손을 비우기 어렵거든
마음이라도 비우자
그것도 어렵거든
흉내라도 내보자
흉내도 어렵거든
차라리
슬퍼하기라도 하자
그리고
도토리 하나 쥐고
오물거리며 행복해하는
다람쥐에게
미안한 웃음이라도 웃어 보자

살아 숨 쉬는 동안만 소망입니다

우리가 소망으로 구원을 얻었으매 보이는 소망이 소망이 아니니 보는 것을 누가 바라리요 (로마서 8:24)

비행기가
비가 오는 하늘로 솟구치더니
안개 같은 구름 속을 지나
밝은 새 하늘을
날았습니다
밑에선 볼 수 없었고
상상하지 못했던 딴 세상입니다
그렇습니다
눈만 가려도 보지 못하는 것이 사람이고
상상과 지식으로 딴 세계를 짐작해 봐야
기껏 알고 있는 단어의 울타리를 넘을 수 없는데
보고 알고 만지고야만 믿어지고 소망한다면
그 소망은
내가 살아 숨 쉴 때까지만
소망입니다

나는 껍데기입니다

이와 같이 성령도 우리의 연약함을 도우시나니 우리는 마땅히 기도할 바를 알지 못하나
오직 성령이 말할 수 없는 탄식으로 우리를 위하여 친히 간구하시느니라
(로마서 8:26)

이제 보니
난
껍데기였습니다

천국을 보면서도
손에 쥔 밥그릇 때문에
갈등합니다

믿음도 있지만
여전히 보이는 것 때문에
흔들립니다

기도하지만
그 속엔
신음과 욕심뿐입니다

성령의 도우심이 아니면
바람에 날려 벌써 흩어졌을
껍데기입니다

너무 쉽거나 어렵거나

그러면 무엇을 말하느냐 말씀이 네게 가까워 네 입에 있으며 네 마음에 있다 하였으니
곧 우리가 전파하는 믿음의 말씀이라 (로마서 10:8)

너무 어렵다고 말합니다
누가 하늘로 올라가 예수님을 만날 수 있으며
누가 땅 속으로 들어가 예수님을 만날 수 있느냐고
말합니다

너무 쉽다고 말합니다
지은 죄를 용서받고 영원히 사는 그 엄청난 축복이
어떻게 마음으로 믿고
입으로 시인하는 것만으로 가능하겠느냐고
말합니다

그러나
내 곁에 항상 계신 예수님을 만나는 일은
어렵지도 쉽지도 않습니다
하룻밤에 만리장성을 쌓는 사람들이
지척이 천 리라고 말하기 때문입니다

사랑하지 않았기 때문입니다

눈이 없어 보지 못한 것은 아닙니다
욕심이 다른 곳을 보고 있기 때문입니다

귀가 없어 듣지 못한 것은 아닙니다
마음이 다른 것을 담아 두었기 때문입니다

손이 없어 잡지 못한 것은 아닙니다
이미 많은 것을 움켜쥐고 있기 때문입니다

발이 없어 가지 못한 것은 아닙니다
마음이 돌아섰기 때문입니다

입이 없어 말을 못한 것은 아닙니다
가슴을 닫아 버렸기 때문입니다

예수님에 대해 듣지 못한 것은 아닙니다
그분을 사랑하지 않았기 때문입니다

우리 시대엔 우리가

그에게 하신 대답이 무엇이냐 내가 나를 위하여 바알에게 무릎을 꿇지 아니한 사람 칠
천 명을 남겨 두었다 하셨으니 그런즉 이와 같이 지금도 은혜로 택하심을 따라 남은 자
가 있느니라 (로마서 11 : 4~5)

사람들은 언제나
자기 시대가 말세라고 말합니다
지금 세대도
지금이 또
말세라고 말합니다
그러나 그때마다
하나님이 남겨 놓으신
사람들이 있었습니다
말세의 벼랑 끝에 서서
새 시대를 위해
준비되고 남겨진
사람들이 있었습니다
은혜로 남겨진 그들이
우리 시대엔
우리이기를 소망합니다

바람을 눈으로 본다

하나님의 은사와 부르심에는 후회하심이 없느니라 (로마서 11:29)

바람이 쌩쌩 분다
이곳저곳에서
대박이 날아다니고
스타가 뜨고 지고
수재와 천재가 번쩍이고
성공한 이들이 비바람을 일으킨다
땅에서 솟은 비바람 고스란히 맞으며
이리저리 흔들리지만
후회하심이 없는 하나님의 부르심에
그 뿌리가 있어
오늘도
제자리에 서 있는 이름 없는 나무가 있다
그리고
그 나무가 있어
바람을 눈으로 본다

말씀을 몸으로 산 사람들

너희는 이 세대를 본받지 말고 오직 마음을 새롭게 함으로 변화를 받아 하나님의 선하
시고 기뻐하시고 온전하신 뜻이 무엇인지 분별하도록 하라 (로마서 12:2)

눈 먼 사람에게
말 못하는 사람에게
걷지 못하는 사람에게
말씀하십니다
'네 믿음대로 될지어다'
'네 믿음이 너를 구원하였느니라'

무시당하는 사람에게
멸시받는 사람에게
절망하는 사람에게
말씀하십니다
'너는 세상의 소금이라'
'너는 세상의 빛이라'

이 말씀을
몸으로 산 사람들이
세상을 바꾸었습니다

가짜가 너무 많습니다

사랑에는 거짓이 없나니 악을 미워하고 선에 속하라 (로마서 12:9)

가짜가 너무 많습니다
이젠 익숙해진 가짜 때문에
오히려 진짜를 믿을 수 없습니다
사랑이 그렇습니다
악을 미워하고
먼저 주며
부지런하며
환난 중에 소망을 보며
기도에 힘쓰며
받기보다 주기를 좋아하고
원수까지 사랑하고
모든 사람과 어울리신
예수님의 진짜 사랑조차도
이야기꾼들이 지어낸
신화 같기만 합니다
선이 그렇습니다
악을 변명하는 이야기꾼의 얼굴이 예수 같아서
악이 선의 방법이 되었습니다

다름은 어울림의 시작입니다

남의 하인을 비판하는 너는 누구냐 그가 서 있는 것이나 넘어지는 것이 자기 주인에게
있으매 그가 세움을 받으리니 이는 그를 세우시는 권능이 주께 있음이라
(로마서 14:4)

다름이 옳지 않음은 아닙니다
다름은 어울림의 시작입니다
다름이 없다면
어울림도 없습니다
다름을 판단하는 것은
어울림을 만드시는
하나님을 대적하는
죄입니다

예수님의 침묵

이는 너희 믿음의 시련이 인내를 만들어 내는 줄 너희가 앎이라 (야고보서 1:3)

침묵하는 한 사람
수많은 욕설과 조롱과 저주와 모함에도
참고 침묵하는 한 사람
십자가 져야 하기에
그 위에서 죽어야 하기에
무덤에 묻히고
삼 일 만에 부활해야 하기에
침묵했던 그 한 사람으로 인해
우리가 생명을 얻습니다
생명과 승리와 행복은
요란함을 타고 달리는
성급함 속에 있지 않습니다
인내와 침묵으로
느릿느릿 걷는
하나님의 계획 속에 있습니다

소리는 침묵이 완성한다

내 사랑하는 형제들아 너희가 알지니 사람마다 듣기는 속히 하고 말하기는 더디 하며
성내기도 더디 하라 (야고보서 1:19)

여백이 없는
그림은 답답하다
소리를 품고
젖 먹이는 어머니 같은 침묵이
소리에 뜻을 새긴다
그림을 여백이 완성하듯
소리는
침묵이 완성한다

삶의 목표

만일 너희가 사람을 차별하여 대하면 죄를 짓는 것이니 율법이 너희를 범법자로 정죄하리라 (야고보서 2:9)

차별이 죄라면
무슨 재미로 살지
남들 없는 것 가지고 있는 재미도
불쌍히 여기며 군림하는 재미도
고마운 척하며 인기를 누리는 재미도
귀찮은 척하며 큰 집에 사는 재미도
고독하다며 높은 곳에 홀로 서 있는 재미도
별 것 아니라며 함부로 쓰는 재능도
나보다 무식하길 바라며 가르치는 재미도
다 죄가 될 텐데
큰일이다
당장 포기해야 할 즐거움이 한두 개가 아닌데
차별이 죄라면
삶의 목표 가운데
쓸 만한 것이 도대체 또 몇 개나 될까

수석의 미소

수석(水石)의 부드러운 미소는 인내가 만듭니다
오랜 세월
정말 너무 오랜 세월을
반복되는 시비를 참고
끊임없는 휘돌림도 참고
폭우처럼 쏟아지는 비난도 온몸으로 맞고
가뭄의 따가운 눈총도 견디며
잔잔한 물결에도 교만하지 않으며
기꺼이 물과 더불어 살면서
둥글둥글
윤기 나는 미소를 만들었습니다

참 사랑

사랑은 주고받은 것이라지만
받기를 바라고 주는 사랑은
사랑이 아닙니다
낮아짐이 사랑이라지만
높아짐을 기대하는 사랑은
사랑이 아닙니다.
기도해 주는 것이 사랑이라지만
듣기를 바라는 기도는
사랑이 아닙니다
흐르는 물 위에 손가락으로 글 쓰듯
지나가는 바람결에 속삭이듯
그렇게
십자가에서 주신 사랑이
참 사랑입니다

강물처럼

강물은 싸우지 않습니다
제 키보다 큰 바위를 만나면
물보라로 두드려 보고
슬쩍 돌아갑니다

강물은 멈추지 않습니다
막다른 골목을 만나면 빙빙 돌며
두리번거리다가 더 낮은 길을 찾아
미련 없이 떠납니다

강물은 소유하지 않습니다
제 몸보다 무거운 것은 그 자리에 남겨 두고
가벼운 것은
그가 가고 싶다는 곳까지 함께 갑니다

강물처럼 살았으면 좋겠습니다
원수와 맞서되 싸우지 않고
절망을 만나도 주저앉지 않으며
다 누리되 소유하지 않는 강물처럼
그런 삶을 살았으면 좋겠습니다

그러면 무엇이냐
겉치레로 하나 참으로 하나
무슨 방도로 하든지
전파되는 것은 그리스도니
이로써 나는 기뻐하고
또한 기뻐하리라
빌립보서 1 : 18

하나님의 오늘을 삽니다

나의 간절한 기대와 소망을 따라 아무 일에든지 부끄러워하지 아니하고 지금도 전과 같이 온전히 담대하여 살든지 죽든지 내 몸에서 그리스도가 존귀하게 되게 하려 하나니 (빌립보서 1:20)

어제를 짊어지고
힘겹게 오늘을 걷습니다
어떤 사람들은
어제를 벗어 버리고
내일을 향해 항상 뛴다지만
나는 어제의 짐도 벗지 못한 채
오늘만 겨우 걷습니다
하지만
오늘을 건너뛴 이들의 내일과
겨우겨우 견디는 나의 오늘이
날마다 만납니다
내일의 소망을 주시는 이도
어제를 용서하신 이도
오늘을 견디게 하신 이도
모두 한 분 하나님이셨습니다
바삐 날아다니는 사람이나
느릿느릿 걷는 사람이나
모두 하나님의 오늘을 선물로 받았을 뿐입니다

하늘에서 내려온 사람

너희 안에 이 마음을 품으라 곧 그리스도 예수의 마음이니 그는 근본 하나님의 본체시
나 하나님과 동등됨을 취할 것으로 여기지 아니하시고 오히려 자기를 비워 종의 형체
를 가지사 사람들과 같이 되셨고 사람의 모양으로 나타나사 자기를 낮추시고 죽기까지
복종하셨으니 곧 십자가에 죽으심이라 (빌립보서 2:5~8)

하늘에서 내려온 사람이 있었습니다
얼굴빛이며 말투는 영락없는 귀족인데
입새랑 먹새는 가난뱅이에다
친구 또한 무지렁이 거리패뿐
생전 처음 사랑한다는 그의 말이 듣기 좋아
코흘리개 동네 아이들 뒤좇고
혹시 요행수로 떡을 얻어먹을까
배고픈 이들이 따라가는데
뒤돌아서서
너희들이 세상의 소금 되고 빛이 되라 해서
좇아가는 발걸음에 헛김을 빼는 사람이 있었습니다
움켜쥔 하나님의 것을 빼앗기지 않으려고
사람 사서 모함하고
억지 고함으로 뒤집어씌운 십자가 위에서도
고통으로 일그러진 얼굴이었지만
용서하고 사랑한다고 말했던 한 사람이 있었습니다
그리고 그는 다시 하늘로 올라가셨습니다

처음과 끝

그러므로 나의 사랑하는 자들아 너희가 나 있을 때뿐 아니라 더욱 지금 나 없을 때에도 항상 복종하여 두렵고 떨림으로 너희 구원을 이루라 (빌립보서 2:12)

사람들은
늘 끝에 가서야
처음을 생각하고
후회합니다
사실 사람에겐
처음도 끝도 없는데 말입니다

사람들은
늘 다음번을 벼르며
처음과 달라진
지금을 변명합니다
항상 지금이
처음이며 끝인데도 말입니다

디모데를 찾습니다

이는 뜻을 같이하여 너희 사정을 진실히 생각할 자가 이밖에 내게 없음이라 그들이 다 자기 일을 구하고 그리스도 예수의 일을 구하지 아니하되 디모데의 연단을 너희가 아 나니 자식이 아버지에게 함같이 나와 함께 복음을 위하여 수고하였느니라
(빌립보서 2:20~22)

디모데를 찾습니다
보낸 이의 마음을
제 몸에 담아
보낸 이와 가는 이 그리고 맞이하는 이
모두를 기쁘게 할 디모데 같은 사람을
제 몸 구석구석
실패의 상처들이 있어
동네 어린아이 앞에서도
제 자랑할 것 없는 디모데 같은 사람을
가르친 이를
제 아비처럼 순종해 보았기에
오직 순종으로 잉태하는 아름다운 관계를
또 다시 잉태하는 디모데 같은 사람을 찾습니다

꼭 사야 할 것이 있습니다

내가 그리스도와 그 부활의 권능과 그 고난에 참여함을 알고자 하여 그의 죽으심을 본받아 어떻게 해서든지 죽은 자 가운데서 부활에 이르려 하노니 (빌립보서 3:10~11)

꼭 사야 할 것이 있습니다
어떤 이는
가진 것이 없어 살 수 없다 말하지만
우리 주머니엔
내 것인 양 착각으로 잃어버린 시간과
여기저기 널려 있는 열정과
자존심을 유지하는 데 쓰는 지식과
흉내 내기에 잃어버린 재능과
빼앗기지 않기 위해 준비한 힘과
키 재기를 위해 모아둔 돈까지
생명과 기쁨의 삶을 위해 지불할 수 있는 것들은
얼마든지 있습니다
아직
사야 할 것의 가치를 모를 뿐입니다

나를 본받으라

형제들아 너희는 함께 나를 본받으라 그리고 너희가 우리를 본받은 것처럼 그와 같이
행하는 자들을 눈여겨 보라 (빌립보서 3:17)

올 가을도 작년 가을만큼
열매를 내는데
아버지는
할아버지만큼
아버지 노릇을 못하면서
제 아들만 닦달한다

당연한 주고받음

내가 선물을 구함이 아니요 오직 너희에게 유익하도록 풍성한 열매를 구함이라 내게는
모든 것이 있고 또 풍부한지라 에바브로디도 편에 너희가 준 것을 받으므로 내가 풍족
하니 이는 받으실 만한 향기로운 제물이요 하나님을 기쁘시게 한 것이라
(빌립보서 4:17~18)

따뜻한 햇볕으로
언 땅 녹여 새싹 틔움이 당연하고
풍성한 여름비에
만물이 맘껏 마셔 해갈함이 당연하고
높고 맑은 하늘 기운이
설익은 열매 속 채움이 당연하고
매서운 눈바람 불어
훈훈한 땅 속 쉼을 쉬게 함이 당연하다
이렇듯
당연한 주고받음이 있어
내가 네 몸이고
네 몸이 내 마음이다
예수의 몸이 내 마음에 있어
우리가 예수의 향기이듯

심은 것보다 더 많은 열매

초판 1쇄 2012년 4월 30일

박세영 지음

발행인 | 신경하
편집인 | 손인선

펴 낸 곳 | 도서출판 kmc
등록번호 | 제2-1607호
등록일자 | 1993년 9월 4일

(110-730) 서울특별시 종로구 세종대로 149 감리회관 16층
기독교대한감리회 출판국
대표전화 | 02-399-2008   팩스 | 02-399-4365
홈페이지 | http://www.kmcmall.co.kr
디 자 인 | 디자인통 02-2278-7764

값 10,000원

ISBN 978-89-8430-556-4   03230